天津市普通高等学校本科教学质量与教学改革研究计划批准
“十二五综投”建设专业项目成果（项目编号 C03-0502）

商务英语专业教学改革与实践

高嘉勇　著

南开大学出版社
天　津

图书在版编目(CIP)数据

商务英语专业教学改革与实践 / 高嘉勇著. —天津：南开大学出版社，2014.12

ISBN 978-7-310-04571-6

Ⅰ. ①商… Ⅱ. ①高… Ⅲ. ①商务—英语—教学改革—研究 Ⅳ. ①H319.1

中国版本图书馆 CIP 数据核字(2014)第 179985 号

南开大学出版社出版发行

出版人:孙克强

地址:天津市南开区卫津路 94 号　　邮政编码:300071

营销部电话:(022)23508339　23500755

营销部传真:(022)23508542　　邮购部电话:(022)23502200

*

天津午阳印刷有限公司印刷

全国各地新华书店经销

*

2014 年 12 月第 1 版　　2014 年 12 月第 1 次印刷

230×160 毫米　16 开本　12.875 印张　2 插页　167 千字

定价:28.00 元

如遇图书印装质量问题,请与本社营销部联系调换,电话:(022)23507125

前言

天津外国语大学商务英语方向创建于1985年9月，是我国高等院校最早设立同类专业方向的教学单位，招收商务英语方向本科生，2009年开始招收商务英语硕士研究生，实现了从本科生到研究生培养的一体化机制。经过全体教师的努力，商务英语方向实力不断增强、规模不断壮大，成为天津市培养涉外商务人才的重要基地。在不断适应天津经济发展对国际商务人才的需求过程中，商务英语方向逐渐向商务英语专业过渡。2011年，英语学院正式向教育部提出设立商务英语专业的申请，并成功获得教育部的批准。近年来，天津外国语大学商务英语专业不断尝试教学改革，在教学上采用“商务+外语交融式”的模式，并在优化课程设置、提高教学质量等方面做了大量务实和卓有成效的工作。尤其是根据商务英语专业特点修改了人才培养方案，优化了“用英语讲商务”的课程体系，为培养合格的商务英语人才奠定了基础。

本书是商务英语专业师生对近年来教学改革的总结。本书较全面、系统地总结了天津外国语大学商务英语专业教学改革的理论与实践。全书共分为七章：

第一章商务英语专业的定位与教改实践从商务英语交叉学科属性的视角，探讨了商务英语专业定位的根本性问题。第二章商务英语专业实践教学改革探讨了商务英语专业校企合作模式课程的改革与商务英语模拟实验教学中心建设的改革实践。“走出去”与“请进来”是校企合作实践教学改革的两个重要策略。“走出去”是指商务英语专业的师生到优秀企业实习，提升了将知识运用于实践的能力。“请进来”是指将企业的高级管理人员请到学校给学生上课。第三章商务英语专业教学改革实践探讨了“商务谈判”、“跨文化交际”、“商务英语口译”、“商务英语阅读”、“商务英语翻译”等课程的教学改革成果。第四章商务英语师资队伍建设改革实践探索如何培养一支复合型、具有跨文化技能的商务英语教师队伍。复合是指英语与经济、管理、国际商法、心理学等学科的复合。尽管目前我国有 700 多个高校设立了商务英语专业或方向，但是复合型商务英语教师的培养还没有完全跟上，这样就使得教师培养显得尤为重要。第五章商务英语专业大学生就业能力的培养探讨了如何进一步以提升学生就业能力为导向实施教学改革。本科生经过在校的四年学习后，要走向社会接受社会雇主的检验，就业能力的高低直接决定了学生能否得到理想的工作和薪酬，因此，转变思维以提升学生的就业能力为导向制定教学大纲、实施教学任务、评估教学成果对于提升学生的就业至关重要。第六章商务英语专业国际化教学改革实践述评了德国、美国、新加坡、加拿大、英国的高等教育国际化办学的宝贵经验以及对中国高校开展国际化办学的启示。第七章商务英语专业国际化教学改革实践探讨了天津外国语大学商务英语专业国际化办学的实践。天津外国语大学商务英语专业已经与 9 个国外大学建立了合作关系，每年都有相当多的同学参加“3+1”、“2+2”的本科项目以及“1+1”的双硕士项目。

本书初稿执笔为王慧云、肖虹（第一章），王申、闫楠楠（第二章），祝然、段常瑞（第三章），郝卓、张曦雯（第四章），任毅、张凯丽（第五章），任悦、刘志燕（第六章），张娣、张涛（第七章）。高嘉勇对各章节做了结构调整，并对全部书稿进行了修改和审校。由于作者水平有限，难免有错误和不当之处，欢迎批评指正。

作者

2014 年 7 月

目　录

第一章

商务英语专业的定位与教改实践

随着经济全球化的发展，国际贸易活动日益频繁，英语已经成为国际商务活动的通用语言，这也对“英语+商务”人才的数量和质量提出了更高的要求。“商务英语”作为本科专业出现已有近十年的时间，全国很多高校都很重视商务英语的学科建设，在教学中不断探索商务英语专业人才的培养模式，已经积累了一定的经验。

天津外国语大学商务英语专业源于1985年9月创建的英语系商务英语方向，天津外国语大学是我国高等院校最早设立同类专业方向的教学单位之一，招收商务英语方向本科生，2009年开始招收商务英语硕士研究生，实现了从本科生到研究生培养的一体化机制。凭借着29年的办学经验，实力不断增强、规模不断壮大，在不断适应天津经济发展对国际商务人才的需求过程中，商务英语方向逐渐向商务英语专业过渡。2011年，英语学院正式向教育部提出设立商务英语专业的申请并获得教育部的批准。同年，商务英语专业获批“天津市战略性新兴产业相关专业”的称号。回顾 29 年的发展历史，商务英语的顺利发展得益于正确的专业定位。

第一节　天津外国语大学商务英语的专业定位

随着经济全球化的发展，国际贸易活动日益频繁，英语已经成为国际商务活动的通用语言，这也对“英语+商务”人才的数量和质量提出了更高的要求。“商务英语”本科专业出现已有近十年的时间，全国很多高校都很重视商务英语的学科建设，在教学中不断探索商务英语专业人才的培养模式。“商务英语”起源于应用语言学中的 ESP（English for Specific Purpose），是语言学——应用语言学下属的三级学科，其研究对象是英语教育规律、教学规律以及英语在国际商务背景下的使用规律。

一、商务英语的定位：以英语为中心还是以商务为中心

从学科定位上说，“商务英语”是国际商务学科与英语语言文学学科的交叉。正是由于商务英语交叉学科的属性，如何定位成了商务英语专业发展的根本性问题。也就是说，商务英语学科的研究内容、研究对象和教学重点是以英语为中心还是以商务为中心，这直接关系到商务英语学科的理论构架和课程体系设置。因此，商务英语专业的定位是商务英语学科建设和发展的基础。目前我国商务英语专业教学呈现多样化状态，这种多样化集中反映

在处理商务与英语之间的关系上，主要分为两种：

模式一：以传统英语专业教学为主，以商科知识为辅，如对外经贸大学英语学院的商务英语专业和天津外国语大学英语学院的商务英语专业等；

模式二：以国际商务专业教学为主，以全英教学为手段，如广州外语外贸大学的商务英语专业和西安外国语大学商学院的商务英语专业等。

我们认为，“商务”与“英语”之间本身并没有什么矛盾，如果处理好两者之间的关系，完全可以达到相辅相成、相互促进的目的。从 ESP 的角度，可以将商务英语划分为两种类型，即一般商务用途英语和特殊商务用途英语。一般商务用途英语通常应用于一般商务情境中对知识和信息的掌握，类似于普通外语教学中的英语。一般商务用途英语教学通常运用实际商务情境中的材料，训练和培养学生的传统语言技能，包括听、说、读、写、译，同时注重学生语法和词汇的掌握。一般商务用途英语教学通常适用于本科英语专业高年级课程，其教学的目标是将商务情境作为语言学习的载体，提高学生对语言的运用能力。特殊商务用途英语通常应用于特殊的商业目的，所以其教学除了关注语言之外，更加强调具体的商业活动。特殊商务用途英语教学以英语为媒介，全面教授学生商务类课程的相关内容，包括市场营销、经济学、国际贸易、经济法、金融等。国家教育部本科专业目录中规定，“商务英语”属“外国语言文学类”，专业代码为 050249，与其他语种（如法语、德语等）以及翻译专业等平级并列，是英语学科中的一个新兴专业。因此，商务英语专业应当定位于以英语为中心，在教学中将一般商务用途英语和特殊商务用途英语有机融合。

二、商务英语教学中“英语”与“商务”的比例

即便明确了以英语为中心的前提，在商务英语教学实践中仍然不可避免地会面临“英语”与“商务”的比例问题。实际上，“英语”与“商务”的比例问题归根结底是“通识教育”与“专业教育”的权衡问题。大学本科教育究竟应该是就业导向的专业教育，还是人格导向的通识教育，这一直是一个有很大争议的问题。欧洲教育界普遍认为，通识教育应该在中小学阶段完成，进入大学阶段之后，应该集中进行专业教育，为就业做准备。在美国，有些高校坚持通识教育，大部分高校将通识教育和专业教育结合起来。目前，我国大部分高校也将通识教育和专业教育相结合。总体而言，综合性大学和重点高校倾向于通识教育，强调学生全面素质的培养；而其他一些普通院校，出于对毕业生就业的考虑，把教育重点放在就业技能的传授上。这两种做法都是出于不同的考虑，并无对错优劣之分。

对于商务英语专业来说，倾向于通识教育，就会将重点放在传统英语教学上，较多地开设英语专业基础课，如基础英语、高级英语、英美文学、西方哲学史等课程，这类课程有助于学生基础英语能力的提升；而倾向于专业教育，就会更注重商务专业课程的设置，如国际贸易、财务管理、市场营销、人力资源管理等，这类课程更有助于学生就业能力的提升，学生就业后上手快，更受就业市场的欢迎。

目前，我国商务英语专业课程设置中最普遍的做法是按照7:3的比例分配英语基础课和商务专业课。基于以下三方面因素，应对目前的这一做法做出一定调整。首先，随着中小学英语教学质量的不断提高，大学新生的英语水平已有巨大进步；其次，随着

国外原版新闻、电影、电视作品越来越多地引进和互联网的发展，学生在日常生活中很容易接触到新鲜的英语学习材料，大大提升了学习效率；最后，国外高校的网络公开课程也深受国内大学生的喜爱，有助于学生开拓国际视野，提升英语水平。基于以上这些因素，可以逐渐提早商务专业课的开始时间，同时加重商务专业课在课程设置中所占的比例至 40%，最终实现 5:5 这一较为理想的状态。

三、跨文化技能的培养

技能是完成工作和任务必须掌握的工具使用方式、行为方式、思维方式、信息传递方式和人际交往方式。具体来说，商务英语专业学生应具备的能力包括语言技能、商务技能、跨文化交际能力等。随着经济全球化进程的加快，跨国、跨文化的经济和商务交往也越来越频繁，越来越广泛，因不同文化之间的差异而引发的问题也越来越多，因此亟待加强商务英语专业学生跨文化技能的培养。跨文化技能是建立在语言技能之上的文化技能，在教学中应注重培养学生对文化差异的敏感性、宽容性以及处理文化差异的灵活性。

从教学手段上说，要想提升学生的跨文化技能，必须走国际化的道路。在课堂教学上，应该注重对学生发散思维和创新能力的培养，更多地运用国际上商务实践活动中的鲜活案例辅助教学，通过对案例的分析、讨论和研究，增强师生之间和同学之间的互动，使知识转化为行动，培养学生从跨文化的角度思考问题的习惯。

除此之外，高校还应该积极主动地“走出去”和“请进来”。“走出去”包括与英语国家高校建立校际合作，为学生提供短期海外交流、实习机会，或者与海外高校签署“3+1”或“2+2”等形式的联合培养项目，使学生有机会较长时间地融入英语国家的环境中，在学习知识的同时，深入了解海外国家的文化和生活习惯等，切实提高跨文化能力。“请进来”就是要邀请国外高校的教师和同学，以及商业领域的优秀实践者走进校园，走到学生们之中。具体来说，可以邀请海外高校的学生进入校园进行1～2月的短期学习，邀请海外高校的教师为学生短期授课，或者邀请商业领域的精英学者与学生们进行讲座、座谈等活动。

总之，商务英语专业并不是“商务”和“英语”的简单叠加，而是在传统英语专业主干课程中有机融入商务专业的主干课程。在商务英语专业人才培养的过程中，一方面，要继续强调英语基础能力的训练，同时加强商科课程的全英教学；另一方面，要以社会和企业对商务英语人才的需求为导向，有针对性地培养学生的职业技能、能力和综合素质。英语水平的提高与商务能力和跨文化交际能力的提升之间相辅相成、相互促进，最终培养出具备扎实英语基本功、掌握国际商务知识并具备国际化视野和战略眼光的通用型高级商务人才。

第二节　天津外国语大学商务英语专业教改目标与思路

近年来，商务英语专业在优化课程设置、提高教学质量等方面做了大量务实和卓有成效的工作。尤其是根据商务英语专业特点修改了人才培养方案，优化了“用英语讲商务”的课程体系，为培养合格的商务英语人才奠定了基础。

一、商务英语专业的培养目标

培养方案改革的前提是明确培养目标。英语学院商务英语专业的培养目标是培养具有扎实的英语基本功、宽阔的国际化视野，掌握国际商务基本知识和理论，具备较高的人文素养和跨文化交际与沟通能力，能够从事国际商务业务的复合型人才。在明确培养目标的基础上，强调专业的学科基础是英语语言文学、经济学、管理学，并在此基础上，优化了主要课程。目前的主要课程有基础英语、英语阅读、基础英语写作、商务英语听力、商务英语口语、商务英语写作、高级英语、英语国家概况、英美文学史、语言学导论、商务英语翻译、商务英语口译、跨文化商务交际、西方经济学基础、国际贸易理论与实务、国际金融学、管理学原理、人力资源管理、市场营销等。

在注重课堂教学的同时，商务英语专业同样注重实践教学。目前，本专业实践教学体现在以下 4 个环节：

（1）商务实习：基于“校企联合，培养人才”的理念，组织本专业学生到 10 个签约实习基地从事商务实践。

（2）“零学时，1 学分”自主学习课程：本专业开设“市场调查”等课程，在教师指导下，学生自主设计问卷，并深入社会，实地调研，以锻炼学生的实践能力。

（3）毕业论文：用英语撰写，长度约为 4 000 个单词，要求选题符合本专业培养方向，文章文字通顺、思路清晰、内容充实，格式规范，有一定的独立见解。

（4）志愿者社会实践：鼓励学生以志愿者的身份参加各种社会实践活动。

二、专业建设的整体目标与思路

“十二五”期间，商务英语专业将紧密围绕天津市的经济社会发展，特别是滨海新区开发开放建设对现代服务业人才培养的要求，创新商务英语人才培养模式和机制。商务英语人才培养质量和教学水平力争达到天津市领先水平，国内先进水平。

一方面，商务英语专业将运用先进的教育教学理念，完善人才培养方案，优化课程体系，充分利用网络资源、实践教学基地，提升人才培养质量。

另一方面，商务英语专业要加强师资队伍建设，提高教师科研水平和服务社会的能力，努力把本专业打造成为教学条件完备、师资队伍过硬、人才培养模式先进、课程体系特色鲜明的专业，为天津市的发展培养急需和紧缺的跨文化、复合型、精通英语的人才。

商务英语专业应该有如下的三个特色：

首先是培养“多外语商务人才”。商务英语专业培养的学生应该都可以熟练掌握两门外语，并熟悉金融、国际贸易、物流、企业管理等商务知识。

其次是采用“商务+外语交融式”教学模式。人们对商务英语往往有个误区，即在教学模式上往往出现先培养好学生英语基本技能，再让学生学习商务知识的情况。我们认为，商务英语专业的教学应该采用“商务+外语交融式”教学模式，即使用英语作为课堂语言，学习商务知识。

最后应该采用“课堂讲授+基地实践”的培养模式。建立一种“商学结合、商学交替”的合作关系。学生在合作企业实习，实现从学校到社会大环境的转变，随着实习的推进，他们不仅丰富了专业知识，更懂得学以致用。

三、教学内容与课程体系的改革

几年来，我们进一步充实更新教学内容，优化课程体系，逐步形成科学高效、特色鲜明的商务英语专业课程体系，实现课堂教学、网络辅助教学、实践教学和自主学习相结合的立体化教学模式。主要措施包括：

（1）加强了教材建设，适时更新商务英语专业教材，适当借鉴国际商务领域的国外原版教材，使教材内容适时更新。规划编写并出版了教材 10 部。

（2）加强了网络教学和计算机辅助课程建设，提高了学生运用互联网、数据库等进行商务英语学习及研究的能力。

（3）优化了课程体系，用好兼职教师。通过聘请具有丰富实践经验和较高理论水平的专家学者到校讲学；聘请行（企）业专家到校任教，承担课堂教学和实践教学，提升了授课内容的实践应用性。

（4）不断改革教学方法。结合专业特点和学生实际情况，把握教学内容的专业化趋向，调整教学方法。鼓励任课教师打破以老师讲授为主，学生听、记为辅的传统教学模式，进行商务案例教学，调动学生思考问题、解决问题的主动性，有效培养了学生实际能力。

四、教学设施建设

在实习、实训基地建设方面，为满足社会对商务英语人才的要求与需要，本专业积极组织学生参加大型国际商务会议的志愿服务实践、安排学生到知名企业实习，培养学生的实践能力与应用能力。几年来，规划建立8个校外实践实习基地，通过与多家在天津的世界500强企业签订实习基地协议，扩展学生毕业实习空间，提高学生实践能力。同时，加强志愿者服务工作，以在天津举办的多种大型国际会议（如达沃斯世界经济论坛）、展览等活动为契机，努力为学生创造教学实践与服务社会的机会。

在实验室建设方面，进一步开发与利用学院现有数据库与计算机辅助翻译教学系统。学校现有可供商务英语专业使用的语音实验室2间（48座/间），可供商务英语专业使用的多媒体教室2间（48座/间），呼叫中心仿真实验室1间，加强了本专业学生的商务实战操作能力。

五、教学管理的建设

通过多年的教学改革与建设，本专业建立了一套制度完备、行之有效的两级教学管理体系，既涵盖了从新生入学到毕业生就业的所有环节，同时也囊括了教师教学、科研的全部工作。

本着对学生充分负责的态度，本专业规定了严格的考勤制度与晨读安排。除此之外，每学年一次的听说基本技能测试更是商务英语专业的一大教学特色，旨在夯实学生基础知识、提高学生基本技能。为了确保学生毕业论文质量，本专业制定了一系列相关制度章程，包括《本科毕业论文相关规定》、《本科毕业论文审核申诉制度》、《本科毕业论文审核复审制度》等。

在教师与学生互动方面，班导师制加强了班级的集体感，而教师坐班制则有助于师生间的课外交流，两种制度都有利于教师可以帮助学生及时解决其在学习方面遇到的各种问题和困难。

为了确保教学质量，本专业依据《天津外国语大学教学工作年终评优规定》以及《英语学院关于教学事故界定及处理的规定》积极开展学生评教、教师互评等活动，通过对教师严格的管理，促进教师教学能力和水平的不断提高，推进教学工作的改进和创新。

在教师科研能力方面，学校出台的《天津外国语大学关于资助学术骨干教师参加国际、国内学术会议暂行规定》、《天津外国语大学关于横向合作科研课题管理的暂行规定及奖励政策》，以及学院制定的科研成果奖励制度，都对教师的科研工作起到了规范作用，极大地提高了教师从事科研工作的积极性。几年来，对学院现有教学管理制度坚定执行的同时，本专业计划从两方面加强教学管理工作：

一是学生的教学管理。要求学生听、说、读、写四种基本技能平衡发展，保证英语专四、专八考试的高通过率；注重学生自主学习能力的提升，鼓励学生申报科研项目；重视高年级学生的校外实习实践。保证每位学生在四年的本科学习期间，能够参与社会志愿服务或企业基地实习。

二是教师的教学管理。明确教师备课、授课、毕业论文指导等职责；加强班导师制和坐班制的管理；积极开展学生评教和教师互评；通过听课制度，对教师教学工作做到有效监督；建立更加完善的奖励机制，提高教师从事科研的积极性。确保每位教师教学能力和自身素养的不断提高，从而达到本专业教学与人才培养目标。

六、卓越学生人才培养计划

卓越学生人才培养，侧重培养学生的创新能力、沟通能力、团队意识和合作能力等；侧重培养学生的国际化视野，培养学生跨文化交际能力以及用英语从事商务工作的实践能力。商务英语专业“卓越人才培养”方案如下：

（1）学业导师制。学生在完成一年级学业后，学校对专业课平均分在85分以上的学生采用“导师制”。这些尖子生优先享用教学资源。学校为每一位尖子学生配备副高级以上职称老师作为“学业导师”。“学业导师”负责该尖子学生的后三年学业的计划制定与监督管理。

（2）定制式学习规划。根据这些尖子学生的职业规划，学校制定“定制式学习规划”。对卓越人才实行小班授课，所学课程内容、能力培养目标和教学安排均做了详细规划。每一门课都清晰定义该课程应使学生具备何种能力，要求老师根据能力培养目标设计教学方案，并通过学生评估推进课程改进。

（3）参与科研项目。秉承“教育不仅仅是传授知识，更要注重对学生批判性思维和各项能力培养”的理念。本专业给每位尖子同学提供各种各样的科研机会。本专业要求尖子学生必须参加一项教师主持的校级及以上科研项目。

（4）参与“产学”项目。本专业安排尖子学生从大三下学期开始到企业实习。通过与企业合作，增强了尖子学生的实践能力，缩短学生毕业后在企业工作时的适应时间。

第二章

商务英语专业实践教学改革

第一节　商务英语专业校企合作模式课程的改革实践

始于 20 世纪 50 年代的商务英语专业，进入 21 世纪以来，正经历着学科的提升和发展。在此期间，商务英语专业的培养目标依然为此领域的学者们所争论。以培养人文素养为重点的通识教育和以教授商务知识为重点的专业教育是两种主要的观点。本研究并不试图对此问题进行论述，而期望从就业的角度分析商务英语专业的教学模式，从而对这一争论提供一种思路。

据劳动人事部门统计，商务英语专业近几年的就业率仅仅维持在 70% 左右。在对用人单位的采访中，“能力结构单一”、“专业水平不高”、“自我认知不够”、“就业期待过高”等成为阻碍商务英语专业毕业生就业的主要问题。在这其中，最为用人单位诟病的，则是毕业生对商务专业知识的认知和掌握程度的不尽如人意。这主要表现为：对商务基本知识掌握不牢固；英语语言技能无法满足国际商务实务的要求；对国际商务环境不了解；国际商务实务的操作能力差；对企业用人需求和自身期待之间的落差没有足够的心理准备等。这使得成立之初以培养“复合型、国际化、实用型”人才为目标，并因此觉得优于单纯的英语或商务专业的商务英语专业的发展前景堪忧。正是在此大背景下，商务英语专业教学模式的改革犹如搭弓之剑，一触即发。

改革的方向也正如前述分为两支。在促进就业的改革方向上，更多地引入实践教学则是被普遍接受的一种。对于实践教学，无外乎“请进来”和“走出去”两种模式。“请进来”模式的发展主要受限于“企业导师”的授课时间和稳定性上。“走出去”模式无疑对专业和企业是双赢的。专业学习上获得了大量的无缝接触企业日常商务活动的机会；企业节省了人力和时间成本。在继续探索“走出去”模式的路上，本研究提出“校企合作”的课程设置模式，期望对这一模式的分析能够进一步加快商务英语专业实践教学改革的发展。

一、校企合作的背景

高等教育与企业是密不可分的，高等教育培养的高素质技能型人才直接为企业一线服务，为企业的发展注入活力。而企业的生产一线是高等教育的最佳实习课堂，企业的发展将会促进人才的需求，促进高等教育的进一步发展。而商务英语专业则是高等教育若干专业中非常需要与企业结合并到企业中进行实习的。校企结合的研究在国外的发展很快而且很有成果。大多实行这一课程设置模式的专业为高职专业，如手工业、制造业、交通通讯业等。在澳大利亚，TAFE（Technological And Further Education）教育的发展方兴未艾。“Work Integrated Learning”（与工作相结合的学习）早已成为该国 TAFE 教育的重要课程设置模式。英国和美国在此领域的发展也并不落后。而在国内，几乎所有校企结合的专业都是高职院校的专业。这虽然为这一领域的研究奠定了基础，但也存在一定的局限性，即该模式仅在高职院校中实施。而普通高等院校的相关专业是否也可以实行此教学模式则有待进一步研究。

本研究希望探讨对商务英语专业进行“校企合作”课程设置模式的可行性以及具体的操作模式，从而使得高校商务英语专业的教学模式更加明确，并为丰富该专业的教育手法提供研究支持。校企合作一直是许多实践类专业课程设置中不可缺少的一个环节。以天津外国语大学为例，2012 年正式获批商务英语专业，而从该专业设立之初，其教学大纲中就明确把实践教学列入其中。该专业为其三年级的学生开设实践类课程——“市场调研”，要求其四年级的学生在第八学期参与到企业的实践中去。该专业的实践证明，校企合作是商务英语专业进行实践教学的最可行方式。然而，在目前国内商务英语专业的课程设置中却鲜有明确采用校企合作模式进行教学实践的，因此，此研究的研究结果将会对商务英语专业的实践教学有一定的指导作用，并会具体影响商务英语专业实践教学的改革方向。

二、文献综述

（一）校企合作的主要模式

在目前的相关研究中，校企合作的模式主要有：合作办学，联合办学和师资培养。合作办学主要是指“高校根据平等、协商、互利互惠的原则与企业签订联合办学的协议。高校和企业双方在科技攻关、产品开发、成果转化、人才培养、继续教育、决策咨询、学术交流等方面开展合作，发挥双方各自的优势，使教学、科研、生产紧密结合起来。高校要优先向企业介绍、转让自己的科技成果，企业也要为高校提供科研课题，并给予资助。企业邀请高校的专家进行科技咨询、科技攻关，做学术报告，高校邀请企业的领导和技术人员到学校与教师座谈，给学生做报告，为改进教学、让学生接触社会创造条件。同时企业要成为高校开展科研教学及学生学习、社会实践的基地”。联合办学是指“根据高等教育法提出的学校与企业之间开展协作、实行优势互补，提高教育资源的使用效益的要求，学校应该与企业实行联合办学。企业根据自身发展的需要有计划地向学校提出培养人才的要求，高校可利用企业的资源在企业开设二级学院，定向培养的人才回企业工作。企业在高校设立科研所，为企业的产品增加科技含量并为新产品的开发提供智力支持。据此，企业的科技人员可以在高校兼课并获得某些领域科技发展的前沿知识，以此指导企业的科技开发”。师资培养是指“高校教师在企业兼职，担任企业的科技顾问或助理，以丰富教学内容，并获得科技创新的实验场所。高校根据企业需要设置专业，所毕业的大学生到了企业以后，不仅有较强的动手能力，而且能为提高企业的整体素质，适应知识经济时代的需要打下良好的基础”。

三种模式中，合作办学是最为深入的校企合作方式，高校与企业在各个方面全面合作，这样的模式对于学生来说是最实际的实践教学，也因此会产生理想的教学效果。而目前高校大多采取联合办学的合作模式。这是最经济、方便的模式，是各大高校希望达成的校企合作模式。而师资培养则是最基础、入门级的合作模式。

（二）商务英语专业的特点

商务英语专业有自身的特点。一方面，其理想化的实用性会被由大批外资企业登陆的中国内地市场所需求；另一方面，作为一个专业，商务英语并不是万能的，也不是独立存在的。此专业也需要学生们有基本的人文素养，扎实的英语知识，实际操作能力和创新思维。商务英语专业强调的不仅仅是语言的水平，而是一种实际综合素质的提高。学生应该学会如何把英语语言运用到国际商务环境中去，并在其中实现跨文化的商务交际。商务英语的特点主要在于其教学的专业化、口语化和较强的针对性。归根到底，为其实用性。这也是其区别于其他专业，包括英语专业的主要特点。也因此，商务英语专业的实践教学最能体现其专业的优越性。

结合以上两个方面的内容，本研究希望通过合作办学的模式，让学生走进企业实习以及聘请企业家到校讲学等方式对商务英语专业的实践教学进行改革。

三、校企合作模式课程的构建

本研究以天津外国语大学英语学院商务英语专业的校企合作模式为案例，分析其实践教学的改革成果。

（一）企业的选择

商务英语专业希望寻求全球知名跨国公司为合作办学的伙伴，以期使学生获得业界顶尖的国际商务实务的相关实习平台。从建立至今，商务英语专业已经建设了五个学生实践基地。这五个新建的实践基地分别是：一家总部在美国的国际著名生物化学品制造公司；一家总部在美国的国际知名电梯公司；一家总部在法国的著名电气公司；一家总部在瑞士的知名食品公司和一家总部在美国的业界知名 IT 公司。

（二）企业导师的选择

基于“不求我有，但为我用”的理念，商务英语专业聘请了四名跨国企业的高管，组成企业家“兼职导师”队伍。该导师团采用课堂教学、讲座的形式，将最前沿的企业运营实践、经验与师生分享。商务英语专业“兼职导师”的主要职责侧重于指导学生提高实务操作能力，指导学生体验，增加实践能力。该专业向这四位跨国公司的高管颁发了“兼职导师”聘书。这四位“兼职导师”是：一位总部在美国的业界知名 IT 公司（世界财富 500 强）的副总裁兼中国区经理；一位国内著名房地产公司的金融部总经理；一位总部在美国的著名通讯制造商的质量总监；一位总部在法国的著名交通工具制造管理公司的现场支持总监。

该专业正在继续探索“校企联合师资培养”模式，加强教师的商务实践能力培养。2014 年 3 月，该专业与天津一家著名物流企业签署校企合作培养师资协议，安排该专业物流英语课程专业教师走进企业，参与企业的运营管理，为企业的战略制定与日常运营管理出谋划策，以此培养教师的实战能力。同时，该专业正准备与 8 家企业签署校企合作培养师资协议，安排商务专业教师走进企业。这样，既让教师成为企业发展的智库，服务天津经济的发展，又可以培养专业教师的实战能力。

同时，本研究把校企合作课程模式嵌入到商务英语专业课程设置体系中，探索此种体系的可行性，并主要从师资队伍建设、实践教学、科学研究和就业服务等方面考察此种课程设置的优缺点。对学生的评估主要从与其他学生的学业成绩对比、学生的就业率以及用人单位评估等多方面予以考查。

（三）校企合作教学模式

该专业采用“循环互哺式”教学模式，制定了以下的组织管理体系框架（图 2-1）：

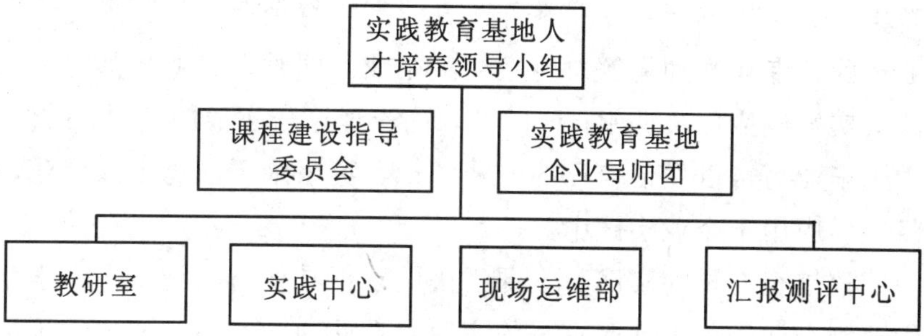

图 2-1　组织管理体系框架

根据该框架图，第一级的“人才培养领导小组”由该专业学科带头人和企业 CEO 共同担任，承担对该实践教学培养方案、教学大纲和教学模式等文件的起草和设计，以及对该实践教学模式的综合管理和考评。第二级分别设由校方组成的课程建设指导委员会和由企业组成的企业导师团。双方共同商定具体的教学计划并让学生走进企业，让企业导师走入校园。第三级设有教研室、实践中心、现场运维部和汇报测评中心，第三级实则为具体的实施和保障部门，为该校企合作模式保驾护航。

图 2-2 表示了其“循环互补式”的教学模式。

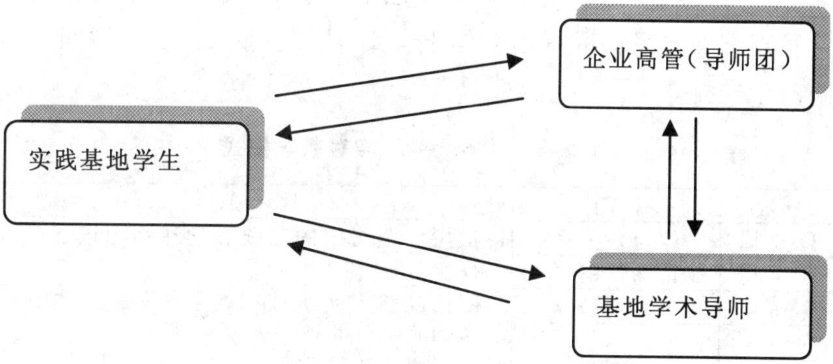

图 2-2　“循环互补式”教学模式

图 2-2 表示，企业导师（公司高管）担任商务类专业课程的教学任务，校方配备专业教师。企业高管将企业的问题提交给专业教师，专业教师将解决方案交给企业。同时，专业教师将企业的真实案例应用于课堂，这样可以达成理论与实践的结合；此外，学生毕业后可以凭借自己的专业知识、英语水平应聘于该企业，将所学应用于企业实践中。

该校企合作的实践教学课程采取以下具体的实施方案：学生们要到企业进行为期两个月的实习。在此两个月中，学生们采取“轮岗制”的方式（表 2-1）在企业的各个部门进行实习。每周的周一至周四，学生们在各部门进行实习。在实习的过程中，“企业导师”会事先向学生介绍该部门的大致情况以及本周该部门的具体工作，并要求学生将自己的见闻、思考和疑问记录在工作日志（Work Log）中。同时，“企业导师”会事先安排该部门的同事对学生进行指导、安排学生参与部分日常工作并将这些内容写入教学计划。每周周五“企业导师”与学校的专业课教师共同为学生们上课（表 2-2）。其中，设 6 课时学习商务专业知识，这主要由学校的专业课教师进行讲解；设 2 课时为实习反馈课程，学生们可就本周的实习情况进行总结和提问，“企业导师”与学校的专业课教师共同就学生的反馈和提问进行解答，以解释学生在企业运营管理方面的疑问并提前介绍下一周学生在各部门实习期间的实践教学安排。

表 2–1　“轮岗制”实践教学模式

<table>
<tr><th>周数</th><th>部门</th><th>具体要求</th></tr>
<tr><td>1～2 周</td><td>综合办公室</td><td rowspan="4">1. 学生按照指定的实践教学计划在该部门进行实习
2. 部门联络人负责按照教学计划给学生分配具体的工作并记录表现
3. 学生要按照具体要求记录工作日志
4. 部门联络人对学生的表现予以反馈</td></tr>
<tr><td>3～4 周</td><td>市场营销部</td></tr>
<tr><td>5～6 周</td><td>人力资源部</td></tr>
<tr><td>7～8 周</td><td>企划部</td></tr>
</table>

表 2-2　课堂教学

<table>
<tr><th colspan="2">时间</th><th>课程</th><th>主讲人</th><th>内容</th></tr>
<tr><td rowspan="4">周五
/1～8 周</td><td>8:00～9:40</td><td>企业运营管理</td><td rowspan="3">专业
教师</td><td rowspan="3">专业教师主要依托国外原版教材，讲解各门课程的理论知识并辅以案例分析。旨在让学生们更好地掌握商务专业知识</td></tr>
<tr><td>10:00～11:40</td><td>市场营销英语</td></tr>
<tr><td>14:00～15:40</td><td>人力资源管理</td></tr>
<tr><td>16:00～17:40</td><td>实习反馈</td><td>企业
导师</td><td>企业导师就学生们的疑问进行解答；对学生们的工作日志和当周表现进行评价；介绍下一周的实践教学计划及安排</td></tr>
</table>

该校企结合模式实际上相当于企业中的“管理培训生”的职位。员工通过在企业的各个部门进行轮岗，全面熟悉企业的运营模式和管理规范。一定时间后，员工可以与企业商讨并结合自己的兴趣自主选择部门。这一职位，对于期望在短期内全面熟悉企业并挖掘自身兴趣和潜力的员工非常合适。正是出于同样的考虑，本模式将这一职位称为“管理实习生”。

此外，此模式还使用了“AB 角工作制度”。AB 角工作制度是指“每一项业务工作岗位要有两人以上承担，分为 A 角和 B 角。A 角为本职工作岗位的主角，职责是做好本职工作，并对所做的工作承担主要责任。B 角是 A 角的配角，职责是当 A 角临时外出或公务繁忙时，B 角协助或配合 A 角做好相关工作，并对所做的工作承担相应责任”。在此实践教学模式中，A 角为该部门的联络人，主要负责向学生们介绍该部门的大致情况，并安排学生参与某项工作；而 B 角则为实习的学生，主要听从 A 角的安排，协助和配合 A 角做好被分配的工作。实习的学生以 B 角参与到企业的日常运营中有利于学生们更快地熟悉企业运营并更主动、更独立地运用所学知识解决实际问题。

学生实践教学的评价体系（表 2-3）以理论和实际相结合、高校和企业共同测评的方式进行。这一评价体系有别于学生们日常课堂教学的评价模式，把理论知识和商务实践有机地结合了起来，从而对学生们产生吸引力，使学生们更加重视测评，也因此更加努力地参与到商务实践中来。这有利于对学生们做出全面、客观、公平的评价，并使得实践教学的效果落到实处。

表 2–3 实践教学的评价体系

评价内容	评价方式	所占比例	评价方
企业日常管理	实践考核（学生们对被分配工作的完成情况）	30%	企业（部门联络人）
企业运营知识	调查报告+展示（学生们基于工作日志形成的企业运营调查报告并以成果汇报的形式进行展示）	30%	企业+学校（课程建设委员会成员+企业导师团）
商务专业知识	闭卷考试（理论知识+案例分析）	20%	学校+企业（专业教师+企业导师）
商务英语水平	闭卷考试（听、说、读、写）	20%	学校（专业教师）

四、结论

本研究对高校商务英语专业采取“校企合作”的方式进行实践教学进行了探讨。采用案例分析的方法，以天津外国语大学英语学院商务英语专业的实践教学规划为例，从实践基地和导师的选择到整套教学体系的构建进行了分析。主要就学生们到企业中进行实习的教学方式、教学内容以及评价体系进行了讨论。今后的研究将继续追踪该模式的实践教学效果，以期对此实践教学模式进行更加完整的介绍和讨论。

第二节　商务英语模拟实验教学中心的构建

国际商务英语专业方向的特点是面向国际市场，培养的学生应该是既熟悉国际商务规则，又具有操作能力的实用型人才。这对学生的英语语言技能、商务实践能力、跨文化基本素质提出了更高的要求，同时也对教师的教学内容、教学方法及教学手段提出了挑战。面对新的挑战，我们建设了商务英语模拟实验教学中心。

商务英语是指企业将重复性的非核心或核心业务流程外包给供应商，以降低成本，同时提高服务质量。而所谓模拟实验中心是指，借助软件教学手段的支持，对实际商务流程进行模拟，使实际国际商务活动转化为由学生在实验环境中可以进行的实际操作，借以有效地实现预定的教学目标的过程。

在由天津外国语大学英语学院国际商务英语建设的商务英语仿真教学实验室内，学生们可以通过英文的商务模拟平台和商务训练软件，依托丰富的网络资源和数据库资源接受训练。通过这些平台，学生可以在包括信用卡客服、预约订餐、预约门诊、家政服务等多种模拟商务情境中进行实践，这既加深了他们对呼叫中心具体操作和管理流程的了解，又提高了他们在具体商务情境中英语沟通的能力。

一、目前商务英语模拟实验中心的应用现状

随着商务英语专业人才需求的迅猛增长，越来越多的学校开办商务英语专业。为了更好地培养学生的实践性，不少学校引入了商务模拟实验室系统。但是就目前正在应用的系统来说，还不能完全满足教学的要求。商务模拟实验室的不足主要包括以下几个方面。

（一）设计目标偏差

现有的商务模拟实验系统只是在系统中为学生分配一个角色，模拟商务流程中的某一主题，将商务业务流程固定化，无法了解商务各环节的设计思想与方法，更不能由学生亲自动手设计后台管理系统，这样的模拟实验不能完全达到商务实验的目的。

（二）教学适应性相对较差

在商务教学的模拟实验中，学生只能了解商务流程的使用，不能清楚认识商务各个环节之间的流程控制，无法具体掌握过程点之间的链接关系。而教师由于授课环节结束后，无法再次进行理论辅导，模拟实验和理论知识之间存在漏洞。

（三）无法满足商务英语专业的教学需要

由于商务模拟实验室的局限性，无法针对商务英语的某一门课程或某一项技术而开设某一个实验项目。由于流程不能改变，流程中各个环节的具体功用体现不足，使得学生即使做了实验，也无法完全掌握整个商务流程的实现原理。

二、BPO模拟实验教学中心构建的可行性研究

首先，信息化为之提供基础。信息技术的飞速发展，对各行业都产生了很大的影响，对国际商务的影响尤其深刻。信息化使国际商务环境发生了重大的改变，网上交易、签订合同、报关报检、支付，为各种网上虚拟的信息交换，开辟了一个崭新的市场，物流、信息流、货币流“三流一体”的全新战略，解除了传统国际商务活动中物质、时间、空间、支付等问题对交易双方的限制。同时，企业的商务流程也随之发生重组，企业可以选择进行BPO商务流程外包，将一些成本低的、非核心业务流程外包给其他供应商。作为国际商务英语人才培养基地的学校，更应该充分利用现代技术改进教学和科研，模拟实验室作为这种趋势的具体体现，为其提供了实现的基础。

其次，它是国际商务英语学科发展的必由之路。近二十年来，国际商务英语已经从单纯的一两门课程发展成为一个涉及国际商务各个领域，由各门课程组成的一个综合的、自成体系的新学科体系。而传统的商务英语课堂中，只是在英语中附加了少量的零碎的商务知识，如外贸函电、经贸英语等。商务知识较为零散，缺乏系统性和连贯性，因此学生在未来岗位中直接从事商务工作的能力不足。而BPO模拟实验教学中心，通过情景模拟法、任务导向法，让学生在互动中提高英语语言技能的同时，真实地感受企业的商务氛围，很好地弥补了传统课堂的缺憾，同时也便于教师进行计算机辅助教学和实践教学方面的研究，促进了课程体系的改革和学科的建设和发展。

再次，它满足了企业对培养人才素质所需。国内大多数高校将教学重点置于商务理论的研究和基础知识的讲授上，毕业生在

以优异成绩走出校门之时，可能对理论有非常透彻的理解，但在实际的业务操作中不知所措。国际商务活动具有很强的风险性、操作性和实践性，课堂教学很难让学生掌握其标准和规则。21 世纪是更为开放的知识经济时代，将会需要更多从事国际商务的人员，特别是需要具有一定实际操作能力的实用型人才。通过中心模拟实验教学，加强了综合性实践教学环节，可以把国际商务英语专业的学生培养成应用型专业人才，所以商务英语模拟实验室的建设十分必要。

最后，现已具备完善的技术条件。现代信息技术特别是 Internet 技术、多媒体技术的飞速发展和应用，使得信息的获取和处理变得非常简易，因而从技术角度来看已具备条件。实验中心除整理修订实验教材外，还拥有 30 台计算机，两台企业机高性能服务器，千兆网络的连接使得该实验室具备了海量存储、高速检索和快速数据分析的功能。同时，中心引进了呼叫中心系统，购买并安装了更多商务情景，以及国际商务实践模拟软件 SimTrade 平台，有利于学生对贸易流程有更深的理解。

三、商务英语模拟实验教学中心总体功能设计

（一）实验项目体系

首先是英语语言技能训练。中心通过呼叫应答训练，在仿真场景中进行电话接听，改善了学生们在语音语调及实用应答技巧方面的培训。在网络教学系统和任课老师的引导下，可以对学生的语音语调、泛听、精听进行训练，并在实验教学中融入真实的商务语境环境，使学生更多地了解语言在真实语境中的使用，并学会在互动中使用地道的英语。另外，通过模拟真实的语言环境，

提高学生的中西方文化差异意识，帮助学生减少交际用语失误。

其次是商务英语专业知识训练。中心通过教授“物流应用”、“论文写作”等商务英语专业课程，在基础技能训练的基础上，围绕课堂所讲的理论知识，再借以外贸实务操作系统，在教师的引导下，夯实学生的国际金融、物流、贸易、谈判等多领域专业技能，使得学生能够熟练运用已掌握的基本商务知识，提高商务活动的实际操作能力和素质，做到不仅能够在心中牢牢把握理论知识，更能够在实际操作中将其运用出来。

最后是跨文化技能训练。中心开设了包括“跨文化商务交际”、“中国古代商业文化”等学科，旨在提高学生的跨文化意识。帮助学生在打好英语语言和掌握商务知识的基础上，充分了解中西方文明史、对比研究中西方文化的差异，以及牢牢掌握正确的商务礼仪。学会从不同的视角看待全球经济、政治和文化活动中的问题和现象，有利于学生在今后的涉外商务及文化活动中化解由文化差异可能引起的危机。

（二）中心实验室模拟软件的引进

电子商务模拟实验室模块主要为教师提供教学辅助功能，通过模拟实际岗位进行实训操作，从而提高学生的实践能力和创新能力，突出岗位特色，让教师可以模拟仿真的网络交易环境指导教学，真正实现理论教学与实践教学同步。

首先是呼叫中心教学系统。实验中心安装了先进的呼叫中心教学系统。该系统提供仿真呼叫中心，内附十个仿真模拟商务场景，学生们在课堂上可以通过在这些情境中的语篇，练习在这些场景中的电话会话，增强学生们在跨文化环境中的电话交际能力。

其次是 SimTrade 外贸实习平台。本实验中心的所有电脑均安装了 SimTrade 外贸实习平台。该平台是模拟的 B2B 电子商务中心，以计算机网络为基础，构筑一个实验平台。每个参与 SimTrade

外贸实习平台实习的学生组成不同的公司并进行角色扮演，每个公司可以有自己的E-mail地址、银行账户。学生以不同的角色在实验室进行操作，切身体会国际商务的全过程，可以在较短的时间内全面、系统、规范地掌握各个业务环节的主要操作技能，培养和锻炼了其经营管理能力。SimTrade外贸实习平台融合了国际经济学、电子商务理论和外贸实务流程等多门课程，也利于形成一支既懂英语，又精通现代化教学设施的复合型专业教师队伍。

最后是网络资源。中心拥有电子图书检索系统、电子期刊检索系统、硕博士论文检索系统、在线工具书、网络百科全书等信息，并在此基础上安装了统计分析系统等教学、科研软件，运用这些资源，教师可在中心进行论文写作等课程的讲授，丰富的网络资源拓宽了学生的视野。

（三）教学资源及手段

模拟实验教学中心对于实训学生的培养，以呼叫坐席人员为目标，通过教授“中国传统商业文化”、“跨文化商务交际”、“呼叫应答训练”和“论文写作”等五门课程，为不同层次的学生提供不同的研究项目。既加强了学生夯实语言基本技能，培养文化差异的意识，也提升其语言技能和综合素养，培养创新意识、合作精神和理性思维。

中心人员根据自己多年的科研成果和教学经验编写了实践教材：《物流英语》、《跨文化商务交际》和《中国传统商业文化》。教材中有大量的理论和实践素材供学生练习，可以让学生们身临其境地感觉商务情境，极大地丰富了他们的专业理论知识和商务实践能力以及呼叫坐席实战操作能力。

实验中心一改传统课堂教学中，以教师为主体，学生是教学的课题的“填鸭式”、“满堂灌”的教学方法，采用启发式、探究式、讨论式、参与式的教学方法，让学生在做中学。具体包括：①情景模拟法，运用商务模拟情境使学生在接近日常、工作、学习的交际场景中扮演某个角色，处理相关商务事务；②任务驱动式教学法，教师设定任务和要求，从资料收集、方案的拟定、设计与调试到撰写相关的材料，都由学生自主完成；③开放式教学法，学生可以利用网络平台，进行自主学习；④讨论式互动教学法，通过学生的讨论互动，充分调动学生的积极性，提高自己的分析能力和思维能力；⑤讲解演示法，在学生实践之前，教师要讲解演示所涉及的语言及相关软硬件设备，引导学生进行观察。

四、构建商务英语模拟实验教学中心的重要性

首先是为学生设置实践平台。教学要为社会服务，但由于客观条件的限制，在校生没有到社会上进行实践的机会。通过实验室模拟操作实践，可以弥补这个缺陷。中心设计网络模拟交易过程，利用计算机处理各种信息，并及时反馈。让学生能够在一个近乎真实的经济贸易环境下，亲自处理实际业务过程中遇到的各种问题。在实践中验证所学的经济贸易理论，全面、系统、规范地掌握贸易操作技能，提高学生的知识综合运用技能及对国际商务业务的感性认识。

其次是改善了教学环境。商务英语模拟实验室的建立为教师提供了一个新型的教学环境。通过实验教学和实验室操作，教师可以在更短的时间内传授更多的知识，实验室的建立有助于国际商务英语专业教学质量与教学效率的提高。教师根据具体的实验教学项目采取不同的教学方法，譬如情景模拟法、任务驱动法、讨论互动法，为学生提供了一个先进、新颖、有竞争性、有激励性的实用教学手段，也使得学生们能够接触到更为真实的商务语言语境中。

最后是为科研提供条件。高校是科研中心，中心模拟实验室也应当为科研服务。通过鼓励教师利用中心丰富的电子资源和网络资源，跟踪研究领域的最新信息，发现问题，形成科研项目开发研究，将科研中出现的问题作为教学的典型案例在课堂中进行解答。这样既结合了课内与课外，校内与校外，也提高了学生的实践能力，推动了学生在企业中的实践活动。

同时，在中心引进的最新商务交易平台上，师生可以对选定的商品进行全面系统的跟踪调查，对一定时期期货行情的了解，积累相关的数据，对这些数据进行深入分析，研究其贸易发展趋势，为政府机构及相关企业服务。

五、BPO模拟实验教学中心的构建原则

首先是多功能性。模拟实验中心按照实际教学和学生实训任务进行结构和内容的设计，将商务英语专业相关课程的主要教学、实训内容整合在同一模拟实验室中，如将物流、跨文化交际等按照实际商务情景加以整合。这样，模拟实验中心兼具教学和实训的多功能性，不但符合实际商务情景，而且更符合教学模式的要求。

其次是岗位参与性。实验模拟中心的实现过程严格模拟现实岗位过程，按照岗位要求技能专项进行模拟。通过角色扮演，虽然学生没有机会进入商业公司，但同样可以在实训中接触真实的商务流程，达到提高动手操作能力的目的，也为教师的教学提供了良好的模拟平台。

再次是交互性。中心在学校创设模拟商务环境，利用实时的、真实的数据、案例对学生进行实训，实现大型商务公司和高校间的资源共享。一方面，运用商业实体对学生进行实训，让学生在

真实的商务环境中将所学的知识转化为工作技能；另一方面，商务公司可以共享高校的最新科研成果，也为日后输入到公司内的毕业生节省了一笔培训费用。

最后是扩展性。实验中心应充分考虑到课程的设置和实验的具体情况，创造真实的模拟环境，支持新的电子商务模式和业务，支持系统的更新。同时，实现产、学、研紧密结合，以教学任务为中心，兼顾与各大事（企）业单位的合作，以科研带动教学，激发学生从事科研的兴趣，促进商务英语专业学生的本科教学和科研。

六、BPO 模拟教学中心建成以来的成果

BPO 实验教学中心采用的课堂教学、网络教学、商务实践和自主学习等多元教学和实践方式，极大地激发了受训学生模拟商务情境、体验商务活动以及从事科学研究的兴趣。自中心成立以来，不仅服务于本专业的教学、科研工作，而且正在尝试为社会提供外语服务，行业涉及出租车、涉外家政等。天津作为国际化大都市，越来越多的外籍人士来到这里工作、生活、旅游，对于商务英语这项服务有着强烈的需求，当然对于学习外语的学生来说，这也是非常难得的锻炼机会。

BPO 实验教学中心是一座连接学校和社会的桥梁，通过模拟商务环境实训，学生完成了由一名学生向一名劳动者转变的过程。在实训中学生能够转变观念，树立较强的职业意识，在就业前就意识到自己角色的转变，由被动地接受知识，到主动地、创造性地劳动。总之，中心的建立，是信息化进程的必然结果，是 21 世纪综合性专业学科建设的需要，为学生提供了一个良好的实践条件，为教师提供了一个良好的教学、科研条件，为培养综合型、复合型人才打下了坚实的基础。

第三章

商务英语专业教学改革实践

第一节　商务谈判课程教学模式探讨

随着中国日益与世界接轨以及经济的不断发展，中国对外贸易越来越多，对该领域人才的要求越来越高，企业对涉外谈判人员的需求也逐渐增加。各高校也更加注重该方面人才的培养。商务谈判是一门综合性较强的应用学科。一场谈判涉及经济学、市场学、营销学、管理学、心理学、行为学、语言学等众多学科知识，最新的科研成果被不断吸收进来，有关商务谈判的研究就是在这些学科的基础上展开的。商务谈判课程对提高学生的综合能力发挥着重要作用。然而，纵观该课程的教学现状，仍存在诸多问题需要解决。

一、商务谈判教学现状

第一是教学内容忽视实践教学。商务谈判课程的教学方式较落后，大多数教师在课程教学过程中，还在沿用传统的以教为中心的“填鸭式”教学模式，不注重对学生学习积极性和主动性的激励。教学过程中，学生被动接受知识的灌输，导致书本上学到的知识无用武之地。目前，大多商务谈判教师仍按照传统专业课的讲授方法，完全按照教学大纲与教学目的的要求组织教学内容，着重讲授理论内容，让学生了解商务谈判的定义、流程、类型、原则；熟悉商务谈判过程；了解商务谈判的礼仪；具备一定的心理素质、思维能力、伦理观念；掌握商务谈判的基本方法、技巧和策略。在课堂教学的过程中，教师也能够进行具体案例分析，引用相关案例进行理论知识的实际应用。虽然，这一方法保证了课程内容的系统性和条理性，但是缺乏实践性和灵活性，不利于培养学生的能力。

第二是教学手段单一。近年来，许多专业教师也在积极尝试多样化的教学方式，如案例教学、情景教学、角色扮演等。但是，由于教师能力和教学资源的限制，教学效果并不显著。教师借助于多媒体教学手段更多的是为了向学生传递更多的理论知识和信息，而没有真正的将多种教学方法融入其中，这当然影响学生的兴趣和学习欲望。

第三是考核方式忽视对谈判能力的测试。商务谈判课程传统的考核方式主要是闭卷考试，以期末考试的卷面成绩作为考核学生水平的最终标准。这种考试方式忽视了对学生运用所学理论知识去策划、组织和实施谈判能力的考核。因此，学生对谈判技能、谈判技巧的掌握能力无法通过传统的闭卷考试方式衡量。

第四是教师实战经验不足。作为一门应用性和操作性极强的课程，商务谈判课程要求教师不仅要具备相关理论知识，更要有丰富的谈判经验。然而，很多教师却缺乏实际的商务谈判经验，在讲授商务谈判课程时，无法将真实的谈判经历融于课堂之中，只能讲授课本中的理论知识和现有的案例，导致课堂教学缺乏生动性和活跃性。

第五是学生自主学习能力弱。在传统教学模式下成长起来的学生，相当一部分人不具备自我管理、自我学习和自我服务的能力和意识；在学习、思维能力培养上，与人沟通以及自我管理方面对老师有强烈的依赖性。在学习方面，学生存在着严重的惰性，自学意识差，很少利用网络、图书馆等手段查阅资料，对于知识的获取仅仅局限于教材，并且很少主动思考、质疑教师课前布置的教学案例，导致在学习过程中无法发散思维，进行创新。同时，学生合作能力差，不善于与人沟通、协调。因此，在面临日益激烈的市场竞争时，传统教学模式下培养出的学生的就业能力和心理基础往往很脆弱，无法满足社会对他们的要求。

由此可见，商务谈判课程教学在教学内容、教学手段、考核方式、实训教学、师资等方面还存在着一系列的问题。传统的灌输式的教学跟不上当今社会对于教学的要求，因此教学模式的改革势在必行，而且对提高教学效果至关重要。针对这些问题，如何才能培养出高素质、合格的谈判人员来满足企业的需求呢？这就要求教师必须改革现有的教学模式，提高教学实践创新，注重培养学生的谈判能力和综合素质，不断拓宽自身的视野，在原有教学基础上对课程进行改革已成为商务谈判课程发展的必然选择。

二、商务谈判课程教学模式改革探索

（一）商务谈判课程教学内容改革

教学过程中，教师应当灵活组织教学内容。教师必须阅读与课程相关的教材，发现目前教材中普遍存在的问题，了解每本书的优势与不足，掌握商务谈判课程的整体框架及本学科的基本内容，分析实际谈判的内在规律。这样，才能良好地组织教学内容，讲授时做到条理清楚，深入浅出，避免被指定教材牵着鼻子走。

具体地讲，教师在教学过程中，可以采取基础理论与案例研究、模拟谈判穿插的方式，让学生充分体会理论在实战中的应用。首先讲解商务谈判的基本原则，使学生对商务谈判有初步的认识；然后讲解谈判的基本程序和步骤，并要求学生掌握实际操作的框架，了解商务谈判是依原则而进行，有章可循；最后，讲解谈判的基本技能和技巧，使学生认识到商务谈判也是一门艺术。教师无需局限于某本教材，可以自己进行教学设计，将理论、案例和模拟实战融为一体，让学生在有了理论知识的基础上，能通过案例分析和模拟实战理解并灵活运用理论。

（二）商务谈判课程教学方法改革

为调动学生学习的积极性，真正做到学以致用，提高学生商务谈判能力，在具体的教学上需要采取一些新的方法和手段。

第一是以“学”为中心的讲授法。商务谈判作为一门课程，教学过程中的知识传递必不可少。一方面，教师要向学生讲授商务谈判的基本原则，商务谈判的技巧和策略以及商务礼仪，让学生掌握商务谈判的基本理论和基本技能，为适应未来国际交往和商业活动的需要奠定坚实的理论基础。另一方面，对于可以自由发挥的内容，可由学生上台讲解，教师最后进行总结，就其中不足的地方、重点的地方加以阐述，课堂讲解不以“教”为中心，而以“学”为中心。这种方式可以充分调动学生的积极性，相对于单纯的讲解，这种教学的效果非常显著。

第二是采用模拟谈判的方法。商务谈判作为一门实用性极强的课程，模拟谈判的设置必不可少也体现了这门课程的特色。相对于讨论和讲演等纸上谈兵的方式，模拟谈判更易于教师评估学生实际应用能力并发现存在的问题，以便给予更具针对性的指导。另外，在学生模拟谈判时，教师可以将谈判过程用相机记录下来作为课堂讨论的一手资料。模拟谈判的组织如表 3-1 所示。

表 3–1　模拟谈判的组织

步骤	教师职责	学生任务
1. 布置任务	进行分组，给出必要信息	查阅相关谈判背景资料进行全面准备
2. 中期检查和指导	对于问题和不足给予建议	制定谈判方案，撰写商务谈判计划书
3. 模拟谈判	对谈判进程进行控制	根据方案进行实际谈判，双方达成协议并做好谈判记录
4. 谈判结束后	对学生表现总结与评价	总结经验教训，撰写谈判心得

模拟谈判可以帮助学生熟悉和了解实际谈判中的各个环节，对于锻炼与提高自身综合能力大有裨益，也更好地体现了素质教育的实质。模拟谈判不仅使学生的观察能力、表达能力、交际能力得到充分体现，还培养了学生的团队协作能力，因为谈判小组

的分工与配合是达成谈判目标的重要基础。另外，通过自我总结，学生也可以更深刻地体会谈判中存在的问题以及谈判的经验、教训。学生不仅可以从其他同学的表现中学习，还可以从自我的表现中总结经验，学习能力得到了更充分的锻炼。

通过模拟谈判，对于培养学习兴趣也起到了积极的作用。这种方式促使学生在前期准备时主动找教师探讨谈判方案，并提高自己以后从事类似工作的信心。这充分证明，模拟谈判可以调动学生将学到的知识，运用到实际谈判中，促使学生去实践所学的知识，体验学习的快乐，是实践教学中行之有效的模式。在模拟谈判中，学生可以熟悉不同类型商务谈判的特点并分析谈判成败的经验教训，有助于培养良好的职业素养。

在实战教学环节，教师应给学生充分的时间发挥，不能为了教学进度而仓促了事。当然，这就要求教师在教学的灵活性和规范性之间做好计划。为了让每个学生都参与其中，教师应尽量选取学生日常生活中能接触到的经济活动，使其更容易进入角色，有话可说，在学到知识的基础上进行运用。

第三是组织相关专题讲座。邀请商务谈判人员到课堂上为学生做专题讲座可以使学生在了解谈判基本理论知识的基础上，加深对谈判实战的切身体会，进而更为具体地掌握商务谈判的基本流程；并且更深刻地领悟课堂上所接触的谈判策略和技巧。此外，务实性讲座可以使学生课堂学习的目的性得到加强，唤起学生加入谈判实战的热情，借此教师可以督促学生及早树立理论与实际相结合的观念，并为迎接毕业后从事商务谈判实践工作做好准备。

另外，对于在校的学生来说，谈判经验是最薄弱的环节，同时也是最需要学习的内容。由于企业谈判人员具备在各种场合谈判的丰富经验，思维敏锐，有必要邀请他们到学校做讲座。他们可以通过鲜活的事例、务实的讲解激发学生的学习兴趣和热情，增强学生对实践的认识，这是与课堂教材学习最大的区别。若效果好，讲座会成为最有吸引力的一堂课，提高学生的积极性。因此，在学校支持且时机适当的情况下，教师可以依据谈判人员讲座的质量，定期聘请他们做实务性讲座，并通过与学生的互动建立良好的长期交流机制。

第四是创造企业实习机会。商务谈判作为一门实践性极强的专业课程，学生仅仅依靠课堂上的理论教学与模拟谈判是不够的。因此，教师一方面应鼓励学生把握所有可能的机会，进到企业中体验真实的商务谈判过程，将理论付诸于实践，另一方面也应为学生创造机会。比如，以学校为官方代表，为学生签订一定数量的以校企联合为主要形式的实习、实训基地，让学生利用实习周或假期等空闲时间，集中或分散地深入企业参与谈判实践。让学生将课堂所学的理论知识与基本操作技能应用于实践。这种方式既有益于学生巩固商务谈判基础知识，又能让学生体验到理论转换成实践的喜悦。总之，学生的综合谈判能力将大有提高，并为日后从事商务谈判工作积累必要的实战经验。

（三）提升教师自身素质

哈佛学者斯腾恩伯格认为，一个优秀的教师应该具备三个层次的知识（即原理性知识、特殊案例的知识、把原理和规则运用到特殊案例中的知识）的完备体系，而不是只能喋喋不休地向学生进行从概念到概念的演绎（符瑞光，2008：69）。教师只有具备扎实的理论知识，突出的实战能力，才能在教学中得心应手地运用各种教学手段，做出对学生具有说服力、吸引力、影响力的评议。

第一，教师应熟练运用多种教学方法。多数教师都是在长期的“填鸭式”的教育模式下成长起来的。而如今，教学理念不断更新，这对教师提出了更高的要求。教师要认真研究教学方法，不断创新，互相学习，尤其要多学习国外一些成功的教育方式，采用更为灵活的、人性化的互动式的教学方式，才能做到提升自身素质的同时培养出优秀的学生。

第二，教师应丰富自身实战经验。增加经验的有效途径之一就是要积极参加谈判实践活动，充分利用课余时间或假期到企业中去，把搜集到第一手资料应用到教学中，使教学内容具有说服力，并且富有新鲜感、时代感。

（四）商务谈判的考核方法改革

对学生的考核，教师不应该再以传统的期末考试卷面成绩作为最后的考核标准，应该采取多样化的考核，全面评估学生的能力。考核标准可以包括学生搜集整理和运用信息的能力、英语口语表达能力、事前分析能力、谈判能力、角色配合与团队协作能力等。课程采用百分制核算，平时表现占 20%，模拟谈判表现占 20%，谈判实践表现占 30%，期末考试成绩占 30%。其中，谈判实践成绩由学生实习企业主管人员根据学生的具体表现给出分数。这种考核的突出优点是能够促使学生从课前准备阶段就全身心地投入本课程学习，平时表现比重的加大能够避免学生在课程学习过程产生松懈，也有助于学生对课程内容的持续消化和吸收。这种考核方式的顺利实施，要求教师在第一节课上明确课程考核方法和要求，向学生清楚地交代每阶段学习任务完成的截止期限，这样既能够很好地体现教与学的互动，又能使学生在学习中获得更大的主动性。

三、结语

商务谈判课程应建立以学生为中心的教学模式，注重理论与实践的结合，以实践为主，理论为实践提供服务，增加实践环节在教学过程中的比重。不应仅仅强调理论传授的重要性，而重在激励学生进行自主学习并启发学生的潜能，提高商务谈判能力。因此，要求教师在授课过程中应处理好知识灌输和启发、讲授与讨论的关系以及注重理论教学与实战教学相结合。这也对教师提出了要求，教师必须不断学习，补充新的知识，通过在职进修，短期培训，课题组研讨、自学，参加专业资格考试，参加企业实践挂职锻炼等方式来积累实践经验，提高自身的素质与业务能力。这样，教师才能做到传授学生商务谈判的知识，培养学生实际应用能力以及解决问题的能力。

第二节　商务英语专业实践教学模式研究

随着经济全球化进程的加快和中国经济改革的深化，中国与其他国家的国际交流和合作日趋频繁，商务活动不断增多，社会形势的发展要求我们培养越来越多的具有“较强的英语语言技能 + 一定的商务专业知识”的复合型、应用型人才。实践教学则是高等院校培养“英语+商务”复合型、应用型人才最有效的途径。

实践教学模式主要指能面向生产实践第一线为社会提供应用型技术人才的一种专业技能训练模式。该模式的内容主要包括技能训练课程体系和技能训练场所。

一、商务英语实践教学模式现状分析

随着经济全球化的发展,企业对应用型人才有着广泛的需求,商务英语专业也应运而生,国内多数高校都增设了商务英语专业。然而商务英语专业毕业生的实践能力与企业对商务英语人才的需求存在很大的差距，商务英语人才培养出现了偏差。主要原因在于商务英语专业在实践教学中存在以下几个问题:

（一）商务英语教学模式理念的落后

商务英语教学的目标是培养学生在国际商务活动中熟练使用英语交流的能力，这也是开放教育要求坚持的教学实践性原则。然而，很多一线教师并没有真正意识到商务英语教学的实践性。他们仍旧使用传统的“填鸭式”课堂教授法来设置课程，主要以教师为中心进行单向输出，而且只重视语言和商务基础知识的教授，却忽视了学生社会实践能力的培养，不能真正地实现将“语言知识+商务知识”学以致用。所以，最终的结果就是难以培养出既具备较强的语言运用能力又具有商务知识与业务操作技能的复合型人才。

（二）师资队伍自身的专业缺陷

商务英语教学对教师自身的专业素质要求很高。它既是语言教学，又是业务技能教学。商务英语课程的教学不仅要求教师具备很好的英语基础与语言运用能力，而且还要求教师具备扎实的国际商务知识和实践操作技能。然而目前商务英语专业的教师队伍中，多数都是英语语言文学专业出身的本科生或研究生，从事商务英语教学工作。他们的英语理论知识可能丰富，但是多数缺乏商务专业知识，根本就不具备“英语语言+商务知识”的实践操作能力和经验，所以很难真正地给学生以“传道授业”的指导，就更不用提“解惑”了。

（三）商务英语教学实训基地利用不当

实践教学是商务英语教学中一个至关重要的环节，而实训基地恰恰是实践教学必备的硬件设施。学生可以通过实训基地这一平台将理论知识运用于社会实践，反复训练并熟练掌握自己的业务技能。很多学校校内设有商务英语实验室、校外有实习基地，但这些实训场所没有达到足够数量，有的也没有得到有效利用。有些实训基地只是流于形式，用于摆设，并没有加以充分利用。因此根本就达不到锻炼实践能力的效果。所以，商务英语专业实践教学模式亟待改进。

二、商务英语实践教学模式的改善措施

（一）增加“案例教学法”和“任务教学法”在商务英语实践教学中的比例

“案例教学法”是美国哈佛商学院 MBA 教学中最成功的教学方法，主要通过描述一个案例，引导学生对案例进行分析、讨论、总结和报告，从而缩短理论学习的世界与真实环境之间的距离，使学生在案例分析中加深对理论知识的理解，并提高自身的分析问题、解决问题、人际协调能力和沟通能力等。“任务教学法”就是把任务作为教学重点，强调“以学生为主体”和“在做中学”。学习者通过任务设置、任务执行和任务总结三个环节实现任务目标，提高自身分析问题、解决问题的能力。不同于传统的“填鸭

式”教学法，这两种教学法都是以学生为中心，突出学生在教学实践中的主体地位，从而使学生在完成教师布置的任务过程中及时发现问题、分析问题并能最终解决问题。这两种教学法的优点在于注重实践教学，将理论教学与实践教学结合起来，符合商务英语教学的实践性要求。

（二）充分发挥多媒体教学的优势

由于商务英语专业所学课程内容和现代国际商务活动密切相关,所以计算机多媒体教学是商务英语实践教学未来发展的方向。校内外虽设有商务实验室和实训基地，但是教师和学生不可能长期在真实的商务环境中操练，因此充分发挥多媒体教学的优势就显得十分重要。教师可以利用网络、多媒体课件等技术把教学变得更加生动、直观、有趣。教师可以自由设计集文字、视频、图像于一体的内容丰富的多媒体课件，向学生展示一些在线演示课程，比如外贸函电的制作过程、商务谈判的场景等，激发学生的学习兴趣。同时，老师可以在课堂上随时利用网络查阅商务最新动态，和学生一起探讨最新商务话题，拓宽学生的视野，强化对商务前沿的敏感度。

（三）加强师资队伍建设，着力培养“双师型”教师

商务英语专业人才知识的复合型及能力的应用型，要求教师在“英语语言+商务技能”方面既具备复合性又有实践性。“双师型”要求教师不但要有扎实的外语语言功底和丰富的商务理论知识，而且要有丰富的实践经验和较强的业务操作能力。目前国内能达到“双师型”要求的教师少之又少，所以大力培养“双师型”教师的任务刻不容缓。笔者建议可以从以下几个方面入手：

首先，对那些有较强的企业实践能力而理论基础相对薄弱的教师而言，学校要送他们到重点院校进行学习深造。其次，对具

有丰富理论知识而缺乏商务实战能力的教师要去企业一线进行顶岗实践，以此来培养他们的商务实战能力并丰富实践经验。此外，要鼓励教师参加国内各种与商务英语相关的学术交流会，扩大视野，丰富自己的教学经验。最后，积极引入具备“双师型”素质的教师，也可以聘请社会实践领域内拥有较高理论知识水平及较强实践操作能力的权威专家和业内资深人士做兼职教师。他们将成为教师队伍的中坚力量，带领广大青年教师不断改进教学薄弱环节，加强实践，最终建立一支结构合理且科学高效的“双师型”教师队伍。

（四）开展校内实训和校外实习相结合的实践教学活动

教师应充分利用各种教学资源，开展多种形式、多种渠道的实践教学活动，让学生在实践中运用所学知识，提升语言运用能力和业务实践能力。实行校内外相结合的实训教学，是商务英语教学模式改革的重要一环。在培养复合型应用人才的高等教育中，实训教学起到至关重要的作用。实训课程是培养学生商务实战能力最实用、最有效的教学组织形式。实训的目的在于充分发挥和运用商务英语专业学生的个人与集体智慧，锻炼他们在不同商务活动中的应变能力、组织协调能力、实践操作能力以及创新能力，同时也通过逼真的模拟实践活动提升学生英语听、说、读、写、译的综合能力，使他们能更好地掌握所学的理论知识并灵活地运用商务知识和技能，以便在未来竞争激烈的职场中做到应对自如。

1. 校内实训

在校内建立专门的商务英语模拟实验室，从中进行像《外贸函电》、《英文制单实训》、《国际贸易实务》等一系列实践操作性很强的商务英语课程。商务英语实验室是学生将所学的理论知识转化为实践操作能力的重要平台。学生可以亲手练习自己所学理论知识，亲身体会商务活动的每一个流程，反复实践并独立解决商务实践中出现的问题。最常见且成本较低的一种商务实践模拟形式就是“商务模拟公司”。“模拟公司”主要设立人力资源部、财务部、采购部、销售部、市场部等多个职能部门。学生可以在每一个部门实行轮流上岗，体会并熟悉各个岗位的具体职能，达到提前“熟悉业务”的目的。此外，学生还可模拟各种商务活动，比如在会议室，学生可以摆放一张会议桌和多把座椅，开展一些像商务英语谈判、营销策划及高端国际会议之类的活动。学生还可以在办公区模拟如询盘、发盘、还盘等一系列国际贸易的基本流程，第一时间做到学以致用。

2. 校外实训

校外实训是校内商务英语实践教学的延伸。校外实训包括基地实训和实习在岗实训。学校应该充分利用各种社会资源，主动加强和校外企业（特别是一些大型的知名企业）的合作与交流并建立长期、有效的校外实训基地，为学生创造更多的在岗实习机会。教师指导学生进入实训基地实习，帮助翻译商务英语资料如合同、电子邮件等，也可参与实训基地的日常活动，如商务洽谈、外宾接待等。实习结束后，学生要在教师和企业的指导下进行反思和总结，找出不足以便在未来的工作中加以改进。

通过校外实训，学生能够感受真实的商务环境，切实地处理商务活动中存在的问题，培养自己独立分析问题、解决问题的能力，从而巩固自己的专业知识，增加商务实践经验。在岗实习还可以帮助学生及时了解就业市场的动态，培养学生的职业兴趣，理性地确定自己未来的职业意向。这样的实训活动最终的效果就是要让学校培养的人才与商务实际工作岗位的要求实现完全匹配。

三、总结

目前很多高校开设了商务英语专业以迎合社会发展的需要，但是商务英语的实践性教学多数还是纸上谈兵，依然存在这样或者那样的问题，比如教学模式的落后、实训基地的匮乏等，不能真正达到预期的实践效果。虽然笔者提出了实践教学模式的改进措施，但对一些高校而言，实现全部改进还存在一定的困难：

一方面，加强实训基地建设这一措施中，校内实训若要建立商务实验室，所投入的费用可能对一些条件不好的学校而言有些困难。这样的话，校内实训会打折扣，反而不利于实践教学的开展。

另一方面，校外实训需要和校外企业进行合作并建立长期联系，其中也会存在困难。由于商务英语专业实践性教学内容通常会涉及有关企业的商业机密，因此在输送学生实习时，一定要严格要求学生遵守纪律，做到奖罚分明。实习前中后期都应有固定老师对学生进行负责，指导和监督。这样才可能圆满完成实习任务。

总之，商务英语实践性教学的改革和发展会随着经济全球化的进程的深入及中国经济改革的深化而不断进行。要想解决目前实践性教学现状中存在的问题，就要从实践出发，建立合理高效的商务英语专业实践性教学体系，完善商务英语教学课程体系，使实践教学趋于规范化和可操作性，切实提升学生的实践操作能力并强化其商务实战经验，真正为社会的发展输送既具备很强的英语语言运用能力，也具备基本的商务知识及商务实践操作技能的复合型应用人才。

第三节　商务英语教学中的跨文化交际能力培养

商务英语是英语语言与商务知识的有机结合，在商务英语教学中，教师需在注重培养学生的语言能力及专业技能的同时，兼顾对学生跨文化交际能力的培养。这是因为在商务英语毕业生工作中，会经常接触到西方文化，因此，跨文化交际能力是商务英语专业学生的必备能力。教师在商务英语教学中，一方面，需使学生学习和掌握国际贸易实务等相关商务知识，熟悉相关操作流程和运作规则。另一方面，教师需着力培养学生跨文化交际能力，从而最终能胜任用英语进行国际商务活动的工作。其实，商务工作的过程实质上是一种交际过程。商务英语的教学目标是培养学生在国际商务环境中用英语进行沟通的能力，培养学生跨文化意识，使学生掌握跨文化交际技能。

一、跨文化交际能力培养的必要性

商务英语要求学生能用熟练的英语进行沟通，同时要掌握丰富的国际商务领域知识。但这也不足以成为合格的商务英语人才，因为日后在工作中会接触到来自不同区域、文化背景的人，他们彼此间由于文化的差异所导致的不同思想观念、思维方式、做事方式将影响到商务活动的顺利开展，使双方产生矛盾和误解，这势必会增加合作交流的难度，成为商务交际中的障碍。因此，学习和掌握这些不同的文化差异是顺利开展国际商务活动的基础。教师在英语教学中应更加注重讲解西方社会文化知识包括西方人的思维方式、价值理念、行为方式、生活习惯、合作方式等。商务英语教学不仅要讲授英语语言知识，也需使学生了解国际商务环境并注重语言交际能力的培养。不论是外国人还是中国人，对于在语言上使用的语法错误、用词错误、发音不准确是可以接受的，但对于文化方面的错误却难以接受。国际商务活动中的失败有很多种原因,但缺乏对于文化背景差异的理解无疑是主要因素。

二、跨文化交际能力的培养手段

为了尽量避免国际商务活动中的误解、矛盾和冲突，保证商务活动有效成功地进行，我们必须采取切实可行的措施。加强商务英语教学中对跨文化交际知识的渗透，因而可考虑采取如下措施：

首先，根据心理学家弗洛伊德著名的“冰山理论”，学生的交际能力具有显性和隐性两方面特点，学生所掌握的理论知识、跨文化交际过程中体现的各种技能属于显性因素，而对于中西方文化差异性的正确认识，对于两种文化价值观不同的理解是教师培养学生跨文化交际能力经常忽视的，这属于隐性因素。因此，对价值观念的理解是跨文化交际能力培养中予以重视的，教师需要培养学生本土意识的价值观念，学生需加强对本国文化的深刻理念，对母语文化的把握应该更加牢固。与此同时，教师也应培养学生对英语国家文化的兴趣，理解西方国家价值观念，使中西方价值观进行有机融合。

同时，在传统的商务英语教学中，教师主要讲授英语语言知识和国际商务知识，往往会忽视对西方文化背景的讲解和介绍。

因此，授课教师要切实从根本上认识到文化差异引起的冲突和矛盾的危害性以及培养学生跨文化交际能力的重要性。商务英语教师在教学模式上应进行改进。传统的教学模式以教师为主导，教师设计课堂内容、讲解知识、安排学生课堂活动，学生按照教师的要求进行记笔记、记忆知识点，但这样的模式长此以往会使学生觉得乏味，失去了对学习的兴趣，缺乏学习的主观能动性，不利于培养学生的创造性、发散式思维。教师应采用以学生为中心的教学模式，使学生成为课堂的主角，学生可充分发挥创造力，教师起到引导者和协调者的作用，只有这样，学生的能力和对学习的兴趣才能提高，学习效果才能增强。在教学模式方面，体验教学模式是跨文化交际能力培养中比较适合的模式。在此种教学模式中，教师要求学生进行课前预习，对材料中涉及的文化背景进行资料收集和深入研究。在课上，教师让学生就其预习的内容进行展示，以小组讨论的形式进行点评和总结，同时讲授课堂材料中的文化知识重点。课后，教师帮助学生对所学内容进行深化总结，教师可布置给学生写作或口头报告任务，使学生通过课后练习巩固所学知识。情境教学法是指教师为学生创设体验情境，辅导学生进行课文的改编、角色的扮演，激发学生的学习兴趣，可借助多媒体技术，运用原版影视材料创设情境，使学生身临其境地体验跨文化交际场景，从而提高能力。在讲授具体内容时，教师应有意识地将文化意识贯穿于整个教学过程之中，比如在精讲文章时，可同时具体介绍一下文章的文化背景，以此增强学生的文化意识。在讲解词汇时，不仅要讲词的意义、用法，还应着重介绍其文化内涵和文化含义。同时，学生仅仅了解目的语文化是远远不够的，与此同时，学生还应掌握本族语言文化。在此基础上，商务英语教学内容还要包括对外交往的礼节礼仪、英美国家的风俗习惯、外商的商务交往习惯、跨文化谈判技巧等知识，注重文化差异在不同语域中的表现。在讲解课堂材料时，对设计中西文化差异，比如宗教信仰、风俗习惯、风土人情、社交礼仪等内容，应着重具体进行讲解，尤其可重点讲解人们在实际跨文化交流过程中经历的文化冲突真实案例。在考评机制方面，应予以适当改革，使闭卷的笔试终结测试加入实践考评的因素，不仅注重理论知识的考核同时兼顾在学生实践活动中的表现，这样的评价机制会更客观、更科学。对于学生的形成性评价包含课堂表现、出勤、课堂活动参与情况、小组合作学习能力、单元测验、课外作业等。

此外，教师可开设文化及跨文化交际方面的讲座，就某个主题进行深入分析，与学生进行探讨，形成良好互动氛围，使学生开拓视野、拓展知识。此外，学校可适时组织各种文化相关的竞赛或大型活动，如英文演讲竞赛、戏剧比赛等，调动学生对文化深入探究的主观能动性，在活动中培养他们跨文化意识，提高他们交际能力。同时，也可组织学生进行参观游览、访问，如出国学习访问，很多学校开展了“2+2”、“3+1”项目，使他们接触社会，增加对异国文化的把握。教师不仅在课堂上进行跨文化交际内容的传授的时间是有限的，同时，教师可考虑开展多渠道多方面的跨文化讲解。首先，教师可考虑引导学生欣赏英语原版影视作品，因为影视作品会从不同的角度体现英语国家社会文化特点，学生通过欣赏，可以更加直观地了解英语国家的生活方式，思维方式以及价值观等。课下欣赏后，教师还可以在课堂上采用交际教学法，引导学生进行角色模仿、戏剧表演，甚至还可以进行配音比赛，对于精彩的片段和重要语言点，教师可进行着重讲解，提高学生的综合文化素养。

在教学大纲方面，需要根据商务英语课程特点对现有教学大纲进行重新改革补充，着重补充跨文化商务交际内容，切实拓宽学生跨文化视野。同时兼顾跨文化交际技巧的培养，要使跨文化交际内容与学生所学语言知识紧密结合。同时，大力推行工学结合，突出实践能力培养。人才培养模式可进行相应改革，可推行校企合作，学校可与企业联合建立实习、实训基地，学生可有机会在企业中实习，把所学知识进行实践。真实的商务环境有助于学生增强现场工作能力，了解掌握最新的商务知识和信息，亲身感受跨文化交际的真实场景，使理论与实际进行有机结合，发展创新思维和团队合作精神，提高服务意识，建立良好的人际关系，实践基地为学生提供了社会课堂，具有传统的教师课堂无法企及的优势。

在课程设置方面，学校应考虑从低年级的基础课到高年级的专业课均加入跨文化元素。在低年级的写作、口语课程中，很多是由外籍教师讲授的，这就为学生培养跨文化交际能力提供了很好的机会，学生在与外教的接触中，切身感受了中西方文化的差异，提高了自己的交际能力。同时，在高年级专业课中，应大力加强英美文学、英美国家文化等课程，使学生们更深入了解西方文化。与此同时，教师应鼓励学生利用假期时间丰富自己的实习经验，在外资企业、跨国公司寻找实践机会或到一些大型涉外活动中担任志愿者，通过工作接触真实的跨文化场景，提高自身能力。同时，很多高校开展了赴国外带薪实习项目，或一些短期国外夏令营和游学活动，为学生接触异国文化搭建了平台。

在教学材料选取方面，教师要注重课堂教材的新颖性和实用性，尽量选取能具有鲜明代表性的案例分析丰富的实用性教材，使学生在实例的学习中了解西方文化，掌握跨文化交际的技巧。同时，教师还可选取一些信息量丰富，能引起学生兴趣的视频材料在课堂上给学生进行展示，这样的教学资料会激发学生的学习兴趣，有助于学生对课堂知识的理解。同时，在课下，教师要引导学生广泛阅读报刊杂志和时事评论等材料。这样，学生可了解到世界各国商务文化、交际习惯、社交礼仪等。教师还可引导学生观看商务英语和跨文化交际方面的视听材料，不但能丰富学生的商务英语语言文化，拓宽视野，而且有助于加深商务文化的敏感性，培养健康的商务文化意识。教师应着重引导学生阅读大量英美文学作品，文学作品往往是社会文化的产物，阅读文学作品可以间接地丰富人的生活体验，使学生掌握更多的文化知识，而当学生真正与作者的作品产生共鸣时，这种记忆是深刻的。教师也可建立文化学习网站，使学生更加直观地获得知识和信息。

在商务英语教学中，有效使用现代教学及信息技术会促进学生跨文化交际能力的培养。互联网技术的飞速发展，提供了大容量的多媒体资源，充分开阔了商务英语教学的内容和灵活度，可使学生通过视听资源、图标信息等资源多角度、全方位地了解西方社会和文化。同时，在商务英语教学过程中，计算机网络教学使学生能够利用多媒体课件和网络丰富的学习资源进行交流互动，学生仿佛置身于真实的商务环境中，且不受时间、空间的限制。这些现代化教学手段会极大地促进商务英语教学的高效、优质，学生可根据自己学习的需要、兴趣和爱好，自主选择学习内容，不断改进学习方法。除了商务知识外，计算机网络还可为学生提供学习语言的资料，学生可以利用互联网阅读一些在线文献，获取网站上的信息，学生也可观看在线原声电影，收听英文广播等，以提高商务英语视、听、说、读、写、译的基本技能。总之，综合应用多媒体教学，可以更好地激发学生的学习兴趣，克服传统教学方式单一、被动的缺点。因此，有效使用现代教学及信息技术可以提高教学质量和教学效率，提高学生对学习的兴趣，增加学习的主动性。

人才培养质量的关键在于师资。教学水准的高要求对教师本身的素质也提出了更高标准。教师本身的素质也确实对教学质量起着至关重要的作用。作为教学的引导者，教师不仅要具备深厚的中、英文语言功底，而且要具有丰富的商务及相关学科专业知识。学校应该有计划地为教师提供培训机会，加强学习跨文化交际理论和商务知识，在教学中，讲解中外文化比较，中外思想比较，介绍本族语言文化的方方面面，包括社会价值观念，文化信念和民族心理等。比如可考虑推荐有潜力的教师到英语国家高校去进修，或者到中外合资或外商独资企业去考察、学习，以便及时获得跨文化交际的亲身体验。还可以安排教师到企业进行挂职实践，感受真实的商务环境，这样可以使教师对商务理论有更深入地理解。同时，可鼓励教师进行在职进修或攻读硕博学位等。还可以聘请一些国外商务英语专家和商界成功人士对教师进行培训，做专题讲座或学术交流，帮助教师对英语语言文化与商务英语实际应用进行进一步的了解和掌握，提高教师自身的跨文化交际能力和知识水平。此外，也应鼓励教师多参加跨文化交际领域的相关学术研讨会。在科研方面，应加强教师在此领域的研究，从而促进教学方法的完善。师资对于学校教育质量起着决定性作用，学校应建立有效的激励机制，充分调动教师的工作积极性。可以进行物质方面的激励，如奖金、职务晋升等，同时，还可进行精神方面的激励，如进行表彰、树立先进个人模范形象等。只有充分调动教师的工作热情，教学质量才能得以提高。

三、结语

跨文化交际能力在国际商务活动中起着至关重要的作用。因此，商务英语教学中应着力培养学生跨文化意识，掌握跨文化交际技能。在教学中，可以从教学模式、教学内容、课程设置、教材选取、师资建设等多方面采取措施培养学生跨文化交际能力，使其成为符合社会需求的国际化商务人才。

第四节 商务英语口译课程研究

近年来，随着中外企业的频繁交流，各企业国际化进程加快，社会对既懂商务知识，又具备扎实语言功底的口译人才需求迫切。在这种形势下，在商务英语专业中，商务英语口译是核心课程之一。商务英语口译课程旨在培养全面掌握商务知识，具备良好的语言能力，同时具有较高口译水平的复合型外语人才。具有良好的商务英语口译水平的毕业生大多工作在外资企业、三资企业、国家机关等单位，能胜任商务接待、谈判甚至小型的新闻发布会等工作任务，在国际商务活动中起到纽带和桥梁的作用。因此，商务英语口译课程的教学应结合社会、市场对人才的需求和要求，尽量为学生创设真实的国际商务环境和场景，训练、培养学生口译技能，使学生了解掌握最新的国际商务知识，学习西方文化，提高英语口译水平，培养通识型口译人才。

一、对商务英语专业口译人才的基本要求

做商务英语口译工作，首先译员要具备非常扎实的语言功底，因为口译工作需要译员的听力理解，以及快速思维反应多项能力有机结合，只有在语言知识、技能全面综合水平较高的基础上才能完成任务，而这种功底的具备不是一朝一夕可以练就的，需要长期不懈地学习和努力。此外，做商务英语口译不仅需要学好语

言知识，还需大量广泛地涉猎其他领域知识，尤其要学习、掌握国际商务类知识，要做一个懂商务、外语好的全才，只学英语、知识面较窄的人是无法成为合格的商务英语口译员的。商务英语词汇专业性较强，语言形式较固定，表达需要正式、规范，口译员在传达信息时一定要明确、清楚。因此，优秀的口译员应该是具有渊博的领域知识和良好的口语表达能力。除了掌握商务知识外，商务英语口译人员因为是现场工作人员，需要与外宾进行直接的接触，了解西方文化对于商务英语口译人员而言也是必不可少的。语言是文化的载体，口译人员作为两种语言的沟通者，需要掌握中西方文化的不同之处、不同文化背景者的思维差异，确保沟通顺畅进行。同时，译员作为外交使者，也应充分了解不同国家的风俗习惯、宗教信仰，做到有礼有节。除此之外，作为口译人员，还要具备过硬的心理素质和抗压能力，口译工作是现场进行的，译员要反应机敏、迅速，语言表达能力要强，具备独立完成工作任务的能力，因为在现场是无法查阅词典、资料，也无法向旁人寻求帮助的，需要译员具备随机应变的能力，而这需要进行大量的训练和实践，才能全面提高能力和素质。

二、商务英语专业口译课程存在的问题

目前，商务英语口译课程仍然存在着不少问题。首先，从教学模式上，目前的口译教学模式大多是教师讲授口译相关理论，教师给出例句进行说明，同时教师播放提前准备好的录音，组织学生进行口译，教师根据学生的表现进行点评。这样的教学模式仍然以教师为主导，学生只是被动地接受、记录、记忆，在有限的课堂时间内，学生真正锻炼、实践的机会很少，这样的教学模式不太适合突出实践性的口译课程，显得过于单调、交流互动不

够，不利于从根本上提高语言技能和口译水平，学生的学习积极性无法有效地调动起来。同时，在教学过程中，教师所教的知识包括一些练习已不符合时代要求，很难在今后的职场实践中进行应用，而且，在实践中遇到的问题也无从解决，只能自己逐渐摸索。这也就说明当前很多高校在商务英语口译课的教学中理论与实践相脱节，没能建立很好的联系，使得学生所学与所用难以对接。特别是在口译课程中，学生仍然过分依赖教师，教师在培养学生自主学习能力方面所做的工作不够，学生很少有机会主动独立地完成某项课题或任务，使得学生的知识结构不完善，也阻碍了专业知识水平的提高。与此同时，口译课程上对现代信息技术的运用不充分，仍然拘泥于传统课堂形式，这样的课堂气氛比较沉闷，学生也觉得索然无味。其次，从课程设置的角度，口译课一般一周只开设 2 课时，在短短的 2 节课时间里，学生能够发言、交流、互动的时间很少，锻炼时间很短，无法达到口译实践要求。再次，在教材方面，目前市面上内容新颖、丰富，理论、实践相结合的教材非常少，能买到的教材大多内容比较滞后、单调，过于注重理论，实训内容很少，与学生将来工作联系较少，不适合学生水平，缺乏实用性、系统性。最后，在师资队伍方面，目前大多讲授商务英语口译课的教师都是理论化教师，他们的理论基础非常扎实，语言功底很深厚，但他们本身很少具备丰富的口译实践经验，尤其在商务场景中的口译实践就更少了，这会很大程度上影响教学质量和效果，使学生获得的知识偏理论、少实践。而且也有部分教师没有机会接受较专业的口译培训，这导致他们对学生的教授也不专业，对于学生课外指导也相当有限。

三、对商务英语专业口译课程的改进建议

针对以上问题，高校及课程教师应采取措施，不断改进。首先，商务英语口译课的教学模式要加以改进。学习口译必须先打好一定的理论基础，因此，商务英语口译教师在讲授理论知识时要注重实用性。社会上的单位雇主要求员工语言功底好，可以流利地与外宾进行交流并能做好相关翻译工作。语言好是基本要求，先打好坚实的语言基础，也是教师的首要任务。此外，商务英语口译教师需要教授给学生实际的商务知识,如国际贸易惯例、法律、金融等知识，尽量使学生熟悉国际商务活动的操作程序和环节。

在理论讲授的基础上，教师还应注重对学生们的实践教学，教师应给学生提供进行实践的机会，在实践活动中，学生们可检验自己理论知识的学习，可以发现自身的问题与不足之处，扩展自己的知识面，在实践中丰富自己的知识，了解口译人员的工作过程和状态，体验口译过程的紧张性和复杂性，并通过积极参与实践活动，找到自己的优势和不足，提高学习的积极性和土观能动性。很多商务英语口译教师采用任务驱动型教学方式，教师为学生设计实际商务任务，安排学生通过完成这些任务，了解商务操作规程，运用所学理论知识使自己的商务口译水平得到提高。教师除了讲授理论知识外，所以设计一些项目作为工作任务，使学生在完成项目的过程中使所学理论与实际工作任务相结合，这就需要教师设计较真实的模拟商务情景，组织学生进入模拟现场进行实践，并根据工作任务的难易程度进行参与、锻炼。

教师可邀请其他专业教师或企业中的实际商务口译人员作为模拟实训的评委，其他学生作为观众，评委和观众可对实践中的

学生表现做出客观评价，并对整个实践过程进行记录。这样的商务模拟场景可以激发学生的参与兴趣，使他们较早接触口译实际工作，在模拟的真实情境中，提高口译水平。除课堂上的实践、实训活动以外，教师需引导学生将课堂实践与课外自训相结合，鼓励学生课外进行单独训练或合作训练，比如可以安排学生进行分组训练，进行视译练习，或进行复述所听短文练习后互相帮助检查、纠正。提高学生的口译能力需遵循循序渐进原则，教师需改变固有的单一教学模式，尽量使教学方法灵活多样，提高学生的综合素质。在课堂上，教师可尝试先提供一些翻译素材给学生进行练习，而后，教师可准备一些听写素材通过机器或人工朗读给学生，提高学生的听力并探索适合自己的速记方式。在这个基础上，可组织学生观看一些国际商务活动的视频材料，组织学生进行实时翻译练习，很多教师选用了记者招待会的录像作为学生训练素材，效果良好。

除了对学生进行英语语言、商务知识的教授外，教师们还应注重在教学过程中文化的介绍和讲解，作为口译人员，是中外双方直接沟通的使者，因此在接触外宾前，译员需充分了解西方国家的风土人情、风俗习惯、社交礼节，同时尽可能熟悉对方国家的政治制度、法律体系、商务政策等，使沟通能顺畅进行。因此，学生平时应积极通过各途径了解商务文化，关心国际国内大事，掌握新闻，通过报刊、电视、网络等媒体拓宽自己的知识面，收集有价值信息，为今后实际口译工作打下坚实基础。

在课程考核方面，目前，大部分高校在商务口译课程中实行期末考试制度，考试成绩在全年成绩中占有很大比重。但对于口译这种实践类课程，任课教师需更注重学生平时的表现，将学生平时课堂参与情况，理论知识掌握情况和实践训练表现相结合进行客观且科学的评价。

在教材方面，目前市面上的商务英语口译教材琳琅满目，但大多内容相对滞后，实用性不强，理论讲述占主要成分，不能激发学生的学习兴趣和热情，因此，商务英语口译教师应根据教学经验和学生的实际需求编写教材或课堂补充材料，这需要教师能主动地与企业接触，了解在实际商务活动中需要涉及的内容，来补充教学材料，制订教学计划。

要使商务英语口译课程教学取得成功，师资力量是教学质量的重要保障，教师本身不仅应具备坚实的理论基础，同时也应具有丰富的实践经验。学校应给教师多提供培训机会，教师也应在讲课之余，认真研读专业书籍，参加口译实践活动。口译教师可自行参加各种翻译资格证书考试，以不断提高自己口译水平。

四、结语

商务英语口译课是实用性很强的课程，也是培养复合型外语人才的核心课程，高校和教师应在教学模式、实践训练、考核评估、师资建设等方面进行不断改进和加强，以期培养出优秀的商务英语口译人才。

第五节　商务英语专业中的商务英语阅读课程

随着我国加入世贸组织，中外企业的商务活动日益频繁，社会需要英语语言水平高同时又掌握丰富商务知识的复合型人才。因此，在近几年高校商务英语专业建设中，商务英语阅读课程是专业中的核心课程之一，是培养合格商务英语人才的必修课。商务英语阅读课区别于其他普通阅读课，它的目的不仅在于提高学生的英语水平，与此同时，要教授给学生很多商务相关知识，例如，学生在阅读材料时会接触到经贸方面的专业术语，这为以后从事国际商务工作打下了良好的基础。鉴于商务英语阅读课的重要性和特殊性，商务英语阅读课教师应不断探索和改进教学模式，使学生不仅增强了阅读理解能力，同时还获取了丰富的商务知识。

一、商务英语专业阅读课程的特点和现状

在英语专业中，阅读课是非常重要的专业基础课，阅读课的教学材料往往是英美文学作品，教师引导学生在阅读中学习新的词汇、语言知识，从而增强阅读理解能力，提高阅读理解速度。但商务英语阅读具有一定的专业性，在商务英语阅读教学材料中有很多商务专业术语，文章中的内容涉及很多行业，这对学生提出了更高的要求。商务英语阅读课的目的不仅使学生提高语言水平和理解能力，同时要使学生学习实用性较强的商务专业知识，教师一方面要指导学生掌握阅读技巧，提高阅读理解能力，增强语感，使实际语言能力得以提高。与此同时，教师通过引导学生阅读材料，学习到更加实用的商务知识，以适应未来社会和职场对学生的要求。因此，在日常教学过程中，教师需要既注重学生阅读能力的提高，又要兼顾学生商务知识的获取。现阶段，商务英语阅读材料主要来源于国外商务报刊或杂志的原版文章。大部分文章的实时性较强，均为最近世界商务活动的纪实，商务专业术语较多，且篇幅一般比较长。这门课程的讲授对象一般为商务英语专业低年级学生，这些学生虽然通过苦读积累了大量的语言知识，但缺乏相关商务专业知识作为基础，同时也没有实践经验，

使得学生商务英语阅读能力较欠缺，增加了对商务文章的理解难度。目前，我国对高层次复合型商务英语专业人才的需求数量越来越大，但毕业生要么具备较高的外语水平，但对商务知识了解很少；要么只具有良好的商务知识基础，但外语水平有待提高。因此，商务英语专业若想培养出“商务+外语”的复合型人才，必须加强商务英语阅读课程建设，才能为国家培养更优秀的高素质复合型商务英语人才。

二、对商务英语专业口译课程的改进建议

从学生角度来讲，很多学生由于刚刚进入大学学习语言专业，还没有找到适合其的学习方法，而是大多沿用高中时代的方法，一部分学生仍然会存在一些不良的阅读习惯，比如在阅读文章时，必须逐字逐句读，一遇到生词马上要查词典等，这些习惯在大学商务英语阅读课的学习中应予以调整。同时，大部分学生在平时努力积累词汇，但对于商务英语阅读文章中的专业词汇掌握不多，有的单词的平常含义学生均能掌握，但在商务环境中的专业意思却无法掌握，又加上商务文章一般句式和语法结构比较复杂，也成为学生遇到的一大问题。与此同时，学生在阅读课上不仅要理解语言表面的含义，更应读懂语言背后深层次的内容意思，理解所涉及的商务知识，因此，商务知识基础也是学生面临的一大挑战。从教师角度来讲，在教学方法上，教师的方法有时过于保守，在阅读课上只是着重讲解生词，分析句法，或进行段落、篇章翻译，在教学过程中，以教师讲授为主，学生只是被动地接受、记忆。这样以教师为中心的课堂模式不利于学生阅读能力的提高。此外，教师大多注重教材的内容讲授，没有引导学生进行课外的阅读学习，这不利于学生开拓视野和阅读能力的实质性增强。另

外，教材也是影响课程质量的关键。目前，国内有不少商务英语阅读类教材，但内容比较滞后，形式比较单一，无法引起学生学习兴趣，不利于培养学生的阅读技能。

首先，在教学方法方面，教师应在教学中注重不同教学方法的灵活应用。传统的教学模式是以教师为中心的，教师在课堂上扮演主要角色，教师讲授知识，具有一定的权威性，学生只是被动地接受知识，缺乏主观能动性。教师应转变教学理念，应以学生为中心，使学生成为课堂的主人，充分调动学生学习的积极性，教师的角色不再是知识的灌输者，而应成为引导者和促进者。教师在教学过程中，首先要培养学生在课前进行相关资料搜集，学习的预习习惯，学生对课上即将要讨论的相关篇章话题进行深入理解，通过图书馆、网络等资源进行相关信息的搜集、学习，尤其对课文所涉及的商务专业知识进行自主学习，并在自学过程中善于找出问题，记录下不理解的内容，这样可以培养学生良好的课前预习习惯，使他们的自学能力得以提高，使学生变被动为主动，充分调动学习的积极性。在课堂上，教师扮演协调者的角色，可充分运用头脑风暴法，就某篇课文中的相关内容进行讨论，探讨不同的理解和看法，不仅探讨英语语言知识，同时也沟通对商务专业知识的理解。这样的讨论环节可以使学生对知识加深印象。与此同时，教师可组织学生对商务阅读材料中的案例进行模拟角色扮演，教师尽可能为学生创设真实的商务情境，比如组织学生模拟商务谈判，学生扮演不同的角色，使学生把所学知识进行实践应用，学会真实的商务操作知识，并培养自己用英语语言思维及国际化视角去思考问题、处理问题，这样的教学模式可使学生身临其境，更有效地调动他们的学习兴趣。课后，教师仍需引导学生整理自己的思路，总结所学，并及时记录自己的理解和体会，这样长期下来，学生会形成自主归纳总结的能力，提高他们对问题的分析能力，使他们终身受益。除了课堂教学以外，学校和教师应同时注重实践性教学，首先，学校和院系可考虑建设商务英语实验室，创设商务运作情景，使学生在实验室进行训练，对所学理论知识进行检验，学会处理不同的商务问题。其次，学校可与企业、酒店、商场等单位联系，建立学生实训基地，使这些单位成为学生的第二课堂，学生在实训过程中，进入社会，感受真实商务环境，接触商务工作各环节，使理论与实践有机结合。最后，学校可组织学生进行模拟公司运作的创业大赛，使学生在比赛中通过相互的交流互相取长补短，取得对知识认识和理解上的深入与进步。

除了教学模式，在教学内容方面，教师也应予以改进。教师不仅应讲授课文中的生词、句法，也应教授学生阅读文章的技巧，提高阅读能力。教师应指导学生在阅读过程中，把握全篇重点，理解全文主旨、大意，比如先阅读首尾段了解主旨，在阅读每段之前，先找出主题句，从而使学生掌握阅读策略，在加强英语阅读技巧讲授的同时，教师应始终关注商务知识的讲解。比如在有些商务英语文章中会涉及一些经济方面的时事，这些文章需要学生首先具备一些商务方面的基础知识才能读懂。因此，在商务英语阅读课的教学中，除了语言知识，一定要同时加强商务背景知识的讲授，才能使学生提高商务英语阅读的实际水平。对于一些商务专业术语、词汇，在教学过程中，教师要引导学生进行积累和整理，让学生的专业词汇量在阅读中不断扩大。另外，在商务英语教学中，要加强培养学生的听说读写能力，同时，也应在阅读英文原版商务文章的过程中，了解西方文化、西方商务操作规程，注重跨文化知识的传授与跨文化交际能力的培养，以此培养他们在国际商务环境中的交际能力和技巧。

在商务英语阅读的教学过程中，教师还应充分运用多媒体资源进行辅助教学，以活跃课堂气氛，增强教学效果，比如可为学生展示大量的文本、图片，播放新颖的视频材料，为学生提供真实的语言学习环境，教师可自制多种多样的电子课件为学生进行补充练习，指导学生记忆词汇等。同时，教师也可利用网络进行模拟公司的运作和操练，使学生能有更真实的体验。

另外，教材的质量和选择至关重要。目前，市面上的大多商务英语教材内容比较单一、保守，实时性不强，教师应选择内容新颖的、与时俱进的教材，这样可以引起学生的兴趣，充分调动学生的积极性，同时，教师可通过多种途径寻找适合的阅读材料作为补充，以开拓学生的视野。

在师资方面，目前，大多商务英语阅读教师是纯语言专业出身，掌握丰富的语言知识及相关的教学经验，但对商务专业知识却不太了解，掌握得不全面、不深入，这就需要教师们不断充实自我，加强商务知识的学习，积极参加相关的培训和进修，成为跨学科教师，做到既懂语言，又懂商务，以培养合格的商务英语人才。

三、结语

商务英语阅读是商务英语专业中的重要课程，为了提高学生的商务阅读能力，完善他们的知识结构，使他们既掌握英语语言，又了解商务知识，学校、教师应在教学模式、教学内容、现代教学技术、教材及师资建设等方面予以改进，才能为国家培养出更优秀的商务英语复合型人才。

第六节 商务英语翻译课程存在的问题及改进措施

近年来，随着我国加入世贸组织，很多中国企业实施国际化战略，加快了与国际接轨的步伐，国际商务活动越来越频繁。很多企业用人单位对商务英语翻译人才的需求越来越迫切，尤其需要既具有过硬的英汉语言知识、良好的商务英语翻译技能，又具有广博的国际商务领域知识的复合型、应用型商务英语翻译人才。为了满足社会对商务英语翻译人才的需求，不少高校都纷纷开设了商务英语专业，并把商务英语翻译课程作为必修的重要课程。商务英语翻译课程是实用性很强的课程，因此，在课程的讲授过程中，如何使学生既掌握丰富的理论知识，又具备胜任具体工作的实践能力，是商务英语教师面临的首要任务。

一、商务英语翻译课程存在的问题

商务英语翻译课程的讲授效果与教学方法密不可分，良好的教学方法会使学生对所学知识的理解更充分更深刻，但目前，商务英语翻译课程的教学仍偏重于应对考试。这样一来，学生的注意力主要集中在掌握考试侧重的内容上，而忽略了对专业知识的整体性把握。在课堂上，教师的授课方式大多仍属于传统型，即以教师为主导，学生被动地接受老师所讲知识。这种陈旧的教学模式，不利于培养学生的发散性思维和创造力，因此，改进教学方法，也是当前商务英语翻译课程所面临的一大挑战。

目前，商务英语翻译课程的教学场所仍以普通教室为主，教学环境较单一，而此门课程具有较强的实践性，在讲授中，要尽量将课堂延伸到社会，但社会上能真正接受商务英语翻译的实习单位很少，而且学生在实习过程中的参与程度较低，因此，高校应考虑如何为学生创造更多的实习机会。此外，课程对学生的考核评价也体现了课程的水平，但目前大多课程的评价方式为闭卷终结性考核测试模式，这种模式势必会导致学生学习上的应试倾向，因此，考核评价机制有待完善，也是商务英语翻译课程面临的问题之一。

课程的讲授离不开教材。大部分教师在教学过程中，都按照教材组织教学。商务英语翻译课程作为一门理论与实践相结合的课程，所使用的教材应内容新颖，理论知识全面，且与实践联系具有代表性，但市面上能获得的教材大多内容相对陈旧，不能很好地配合课程讲授，无法提高学生们的兴趣，因而教材的选取也是该课程急于解决的问题之一。

课程质量的好与坏，很大程度上与师资水平有关。当前，同时拥有商务英语和翻译背景的教师比较少，商务英语翻译课程教师理论知识较丰富，但大多缺少专业从业经验，这必然会影响教学质量，也会阻碍学生技能的发展，因此，如何培养双师型教师，是商务英语翻译课程面临的又一重要问题。

以上这些问题，是商务英语翻译课程发展过程中亟待解决的，只有解决了这些问题，才能培养出复合型、应用型商务英语翻译人才。

二、商务英语翻译课程改进措施

首先，教学理念需要更新。传统的教学模式是教师在课堂上起主导作用，教师负责知识的讲解、课堂内容的设计、课堂活动的组织等，而学生则只是听从教师的指挥，将知识点逐一记录和记忆。这样一成不变的课堂角色，使学生觉得学习索然无味，丧失学习动力，只是机械性地应付考试。长此以往，这样的模式肯定会影响课程效果，因此，树立新的教学理念，是非常必要的。商务英语翻译课程教学方法，要从传统的教师一言堂，转变为以学生为中心的互动式教学模式，学生在课堂上是主要角色，教师应起到协调、辅助、引导的作用。这样的模式，有利于学生发挥自身的主观能动性，可以更有效地提高其学习效率。

在商务英语翻译课程教学中，能取得较好的教学效果，且可以为大部分高校商务英语专业所借鉴的教学方法主要有任务驱动教学法和案例教学法。

任务驱动教学法是指在教学过程中，教师指导学生以完成一个既定任务为目标，通过积极探索，充分运用资源，彼此间互动协作，以使任务得以完成。任务驱动教学法的核心是任务，教师需充分考虑学生的实际知识水平和心理特征，以创建适当的情境，使学生仿佛置身于真实的商务工作环境中。“做中学”是任务驱动教学法强调的核心，学习者可在执行任务的过程中，充分体验所学语言。同时，任务使教学活动具有明确的目的性，它不是把语言的学习只停留在表面的形式上，而是切实地去解决一个实际问题。这种方式，更有利于培养学习者对商务英语的实际应用能力。运用此教学方法时，教师在任务设计上，应更注重任务的真实性和具体性。真实的任务，可充分激发学生的兴趣，调动学生的主观能动性，使学生在任务执行过程中提高其自身能力。与此同时，在任务设计时，教师还应注意任务的难易程度。教师在选择商务翻译材料上，应做到贴近实际商务需求，难度适宜，使任务具有可操作性。过于复杂的或难度太大的任务，容易使学生无法完成任务并产生挫败感，太过容易的任务又难以调动学生的积极性，使学生缺乏兴趣，难易适度的任务则可使学生通过一定努力得以完成，这样学生才能放手去做，完成任务时，才能体会到成功的乐趣，增强自己的信心。此外，教师对学生执行任务时所采用的不同的方法，应抱着包容开放的态度，不要轻易否定学生们的新想法、新提议，应允许学生采用不同的方法完成任务，这样才能培养学生的发散式思维和创新能力。在任务驱动教学法中，教师可采用给学生分组的方式，引导学生执行任务，每组可由三四人构成。小组合作方式可使学生增强合作意识，互相取长补短，交流想法，有利于培养学生的团队精神。教师在教学过程中，应起到引导而非主导作用，及时了解各组进展，做好任务执行过程中的检查和控制，以确保整个教学过程高效有序地进行。在商务英语翻译教学中，适当采用任务驱动教学法，可调动学生的学习主动性，培养其分析问题和解决问题的能力，可有效提高课堂教学效果。

案例教学法必须以传统的与理论教学相结合的方式进行。传统的教学方法教授学生必要的理论知识，案例教学应以理论知识为基础；同时，教师在选择案例的过程中要审慎，考虑周全，结合教学目标进行选择，选取的案例应具有典型性，只有这样，才能使学生举一反三，了解掌握此类案例的解决方法。此外，案例教学法要求教师不仅具有渊博的理论知识，同时还需具备较丰富的实践经验，并能使理论与实践很好地融合在一起。运用案例教学法时，教师要做好充分的课前准备。教师可参阅大量的案例资料，并从中选取具有代表性的案例。教师可将案例材料在课前提前发放给学生，使他们进行预习，对案例涉及的领域和知识点做前期的了解和研究，并找出相应的问题，以便在课堂上进行交流。在课堂上，教师可将全班分成若干小组，让各小组先进行组内讨论，使小组内部形成统一的意见，并找出共同的问题。然后，各小组选派代表进行总结发言，阐明各组观点，提出有待讨论的问题。案例教学法初始运用阶段，教师应和学生一起分析案例，以培养学生分析问题的能力。当经过大量的训练，学生们的案例分析能力逐步提高后，教师可逐渐退居旁观者角色，以培养学生独立分析问题的能力。在课堂讨论环节，教师的主要角色是引导者和协调者，应致力于营造积极自由的讨论气氛，同时及时纠正讨论中出现的错误和偏差，但不要将自己的观点强加于学生。案例教学必须注重总结和反馈。教师应及时与学生沟通交际交流的技巧，要求学生撰写书面报告，以培养学生的归纳、整理、总结能力。

在商务英语翻译课程讲授过程中，教师还要努力培养学生的跨文化意识。在课堂教学过程中，教师可根据实践训练材料，深层次挖掘其中蕴含的文化内涵，向学生渗透文化差异性概念，并使学生有意识地比较中西文化差异。文化知识的学习应该是日积月累的，教师可以根据翻译活动，设计补充相关文化知识，并组织课堂活动，设计相关的文化差异讨论活动，这样不但可以激发学生的求知欲，提高他们的兴趣，还能丰富学生的文化知识，促进其翻译水平的提高。教师在教学中，还应充分利用网络及多媒体手段丰富课堂内容，比如可编制电子教案，利用电子课件代替板书，向学生展示搜集到的一些新资料，如音频和视频文件等，这样可以给学生展示一些真实的工作场景，使课堂气氛变得活跃，以进一步激发学生的学习兴趣。当然，除了课堂上的学习外，课下的学习和练习也很重要。教师可组织学生结成学习小组，彼此交流学习经验和方法，以纠正其翻译实践中的错误，这将有助于学生之间形成良好的互助型学习氛围，以激励学生不断进取。对于学生的课后作业，教师应及时批改，指出其不足之处，也可组织学生先在课堂上匿名互评互改，然后再由教师评阅。在这个过程中，学生可通过指出他人作业中的不足，加强其对知识的掌握，可借此培养学生细心耐心的学习态度。另外，教师还可教会学生使用网络翻译软件等翻译工具，培养他们实际运用工具的能力，也可非强制性地建议学生参加翻译资格考试，以提高其实际翻译能力，了解自身不足，从而明确今后努力的方向。

开设商务英语翻译课程的高校，可与企业合作，建立商务英语翻译实践工作室。该工作室集教、学、做于一体，旨在提高学生的翻译实践能力和职业技能。学校接受企业有关商务翻译的项目后，教师可带领学生一起完成。学生可在工作室充分锻炼自己的翻译能力，同时也可借此接触社会实际，有助于增强其对未来职业的自信心。

在课程评价机制上，以往的评价方式多为闭卷终结性考核，它最大的弊端在于只注重结果不注重学习过程。这种评价方式比较表面化，侧重一次性的评判结果，无法衡量深层次的学习效果。为了更加客观公正地考量评价学生，在商务英语翻译教学中，教师应采用过程性考核方式，对学生进行多元化评价，可综合学生平时表现和各项学习成绩，将评价纳入整个教学过程之中，以此促进学生努力学习，勇于实践，不断进取。

目前，适用商务英语翻译教学的教材非常少，有鉴于此，教师可考虑根据课程需要和学生实际情况，自主编写适用教材。自编教材可选择当前新颖的实际案例作为实训的部分内容，以使内容更丰富，更加与时俱进。当然，教材也可配套附带 MP3 或光盘等音频、视频支持材料，以供学生课下学习练习使用。与此相应，商务英语翻译课程的教学，需要具备深厚的翻译知识理论和技巧，具有一定国际商务知识背景，以及一定实践经验的教师。理论知识的获得，可以通过进修培训得以加强，但实践经验则很难获得，因此，为了增加教师实践经验的积累，一方面，学校可组织教师到企业实践，参与企业运营过程中的翻译任务；另一方面，学校也可聘请任企业中一些具有丰富实践经验的商务翻译人员作为兼职教师，以构建双师结构的教师队伍。

随着中国企业国际化进程的加剧，社会对商务英语翻译人才的需求在不断增加，商务英语翻译教学改革和创新势在必行。高校应在教学方法、校企合作、评价机制、教材建设、师资培养等方面进行适当的改进和创新，以提高教学质量和学生的学习效果；同时，教师应不断加强自身理论学习和实践，钻研符合商务英语翻译教学的新思路、新方法，以培养出更多社会需要的商务英语翻译人才。

第四章

商务英语师资队伍建设改革实践

第一节　商务英语专业复合型教师的培养

一、复合型商务英语教师的内涵

复合型商务英语专业的教学必然需要复合型师资。这里提到的复合型师资，是指具有并且能融合两个或两个以上专业或学科（英语+商务）的基本知识、基本技能和基本素质的教师（魏斌，2012)。除此之外，复合型商务英语教师还应具备一些特定的素质，例如，具有良好的职业道德、先进的教育理念，善于与学生、同事、上级、社会人士建立与发展健康交往关系的技能等（方有林，2000)。总的说来，复合型商务英语教师是指：理论基础扎实，知识面宽，具有较强的知识更新、专业迁移能力，以及良好的社会适应能力，能胜任跨学科教学的教师（沈寅鑫，2009）。

随着社会的发展、新兴行业的崛起，社会、企业对英语专业的毕业生的要求不再只是纯粹的英语语言能力，其综合素质及专业能力也成为用人单位的考察内容。要培养复合型的外语人才，首先要有复合型的外语教师。复合型的外语教师不再只是单纯地传授语言知识，也应具备一定的其他专业能力。例如，商务英语的教师应具备经济学、管理学、国际贸易和金融方面的能力。商务英语专业应培养学生具有扎实的中英文基本知识和技能，了解英语语言文学、应用经济学、工商管理学和国际商法等学科的相关知识和理论，掌握专门的国际商务知识与技能，具有较高的人文素养、比较开阔的国际视野、较强的思辨能力、博弈能力和跨文化交际能力，能在国际商务活动中熟练使用信息通信工具，了解国际商务活动规则，能参与国际商务竞争与合作，能胜任涉外企事业单位、跨国公司、政府部门、国际组织相关工作的高素质国际性、复合型人才（叶兴国，2014）。

二、培养复合型商务英语教师的必要性

伴随着经济全球化的发展，国内外的交流日益广泛且程度不断加深，复合型人才越来越重要，这就要求学校必须有一支德才兼备的复合型商务英语教师队伍。跨学科知识是指除英语语言文学以外的任何一门商务学科，如经济、管理、国际商法、心理学等学科知识，因此，商务英语教师在英语专业知识结构上需要提高，需要具有较强的英语语言文化的能力，需要具有广博的商务知识和跨文化认知能力与跨文化沟通技能。

然而，尽管全国高校有 700 多个商务英语专业或方向，但是

对于复合型商务英语教师的培养还没有完全跟上，这样就使复合型商务英语教师培养的必要性显得尤为重要，其必要性的程度。本书认为可以借用 VRINE 模型（代表价值性、稀缺性、不可模仿性、不可替代性、可利用性）如表 4-1，资源和能力对于竞争优势的贡献与它们满足模型中五个特征的程度相符来对复合型教师的必要性进行判断。

VRINE 分析能够帮助检验特定资源和能力的重要性以及获取新资源和能力的要求。

表 4-1　VRINE 模型的应用

	测试	竞争含义	绩效含义
有价值吗？	资源或能力能满足市场需求或使企业免受市场不确定性的影响吗？	如果是，那就满足了价值性这个标准，在产业中进行竞争需要能创造价值的资源，但资源的价值并不能产生竞争优势。	有价值的资源和能力能产生平均利润（利润与所有投入的成本相等，包括资本投入）。
稀缺吗？	假设某种资源或能力具有价值性，那么它相对于需求是稀缺的吗？或者竞争者是否普遍拥有这种资源？	有价值并且是稀缺的资源能够创造竞争优势，但这种竞争优势可能只是暂时的。	暂时的竞争优势能够产生高于平均利润的回报，直到竞争对手的活动使这种优势失去效用。
能模仿吗？以及/或者不可替代吗？	假设这种资源既有价值又稀缺，那么竞争者模仿这种资源是存在困难，还是代之以能够产生相同收益的其他资源或能力？	有价值且稀缺的资源和能力如果难以模仿或者不可替代，就能带来持续的竞争优势。	某种持续的竞争优势能够在相当长的时期内给企业带来超额收益（直到竞争对手能够模仿这种优势，或者找到这种资源的替代品，或者由于环境变化使这种优势失去效用）。

续表

	测试	竞争含义	绩效含义
可利用吗？	如果某种资源或者能力具有满足一个或者数个 VRINE 的标准，那么企业能够对此加以利用吗？	某种符合 VRINE 标准的资源如果暂时不能被利用，也会成为竞争对手的机会成本。竞争对手如果需要这种资源，就要进行大量投入。一旦这种资源得到利用，企业就可以获得竞争优势和绩效。	企业拥有满足 VRINE 标准的资源和能力又难以利用，与能够利用它们的企业相比，只能获得低水平的绩效和市场价值（但还是要比没有这种资源和能力的竞争对手幸运）。

资料来源：Adapted from J. B. Barney, "Looking Inside for Competitive Advantage", Academy of Management Executive 9:4 (1995), 49-61.

下面以商务英语专业为例，具体分析复合型商务英语教师的竞争优势以及其重要的资源和能力。

首先是价值性。随着经济全球化的发展，我国的进出口贸易发展迅速，图 4-1 显示了 2003～2013 年我国进出口贸易的发展状况，货物进出口总额指实际进出我国国境的货物总金额。2003 年进出口总额为 85 098 800 万美元，到 2013 年进出口总额为 415 969 300 万美元。2003～2013 年我国进出口贸易总额年平均增长率为 17%。

图 4-2 显示了 2005～2013 年我国外商投资企业进出口的发展状况。2005 年外商投资企业进出口总额为 83 170 000 万美元，到 2013 年外商投资企业进出口总额为 191 840 258 万美元。2005～2013 年我国外商投资企业进出口总额年平均增长率为 11%。

图 4-3 显示了 2007～2012 年我国对外直接投资的发展状况，对外直接投资净额指境内投资主体对外直接投资额中扣除反向投资额后的净额。2007 年我国对外直接投资净额为 2 650 609 万美元，到 2012 年我国对外直接投资净额为 8 780 353 万美元。2007～2012 年我国对外直接投资净额年平均增长率为 27%。

自从我国加入 WTO 后，国际交往与商贸合作日益密切，外语作为中国与世界各国进行贸易、经济往来和文化交流的工具的重要性越来越突出，社会对复合型外语人才的需求量不断攀升，这给商务英语带来了绝佳的发展机会。商务英语人才作为将英语和商务两方面技能结合的人才，正是推动这种交流合作的关键。现代社会，企业对于合格商务英语人才的不断需求，也体现了商务英语专业人才的价值。并且，随着复合型外语人才的需求量不断增加，培养复合型外语教师的重要性也凸显出来，因为复合型外语教师业务素质的高低直接影响着人才的培养质量。

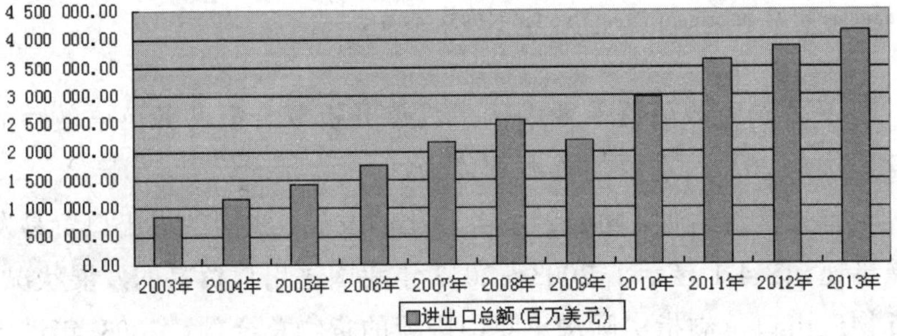

图 4-1 2003～2013 年我国进出口贸易总额（百万美元）

数据来源：国家统计局网站（http://www.stats.gov.cn）。

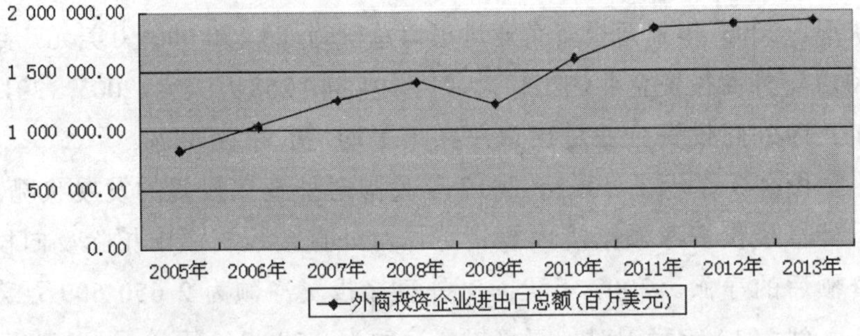

图 4-2 2005～2013 年外商投资企业进出口总额（百万美元）

数据来源：国家统计局网站（http://www.stats.gov.cn）。

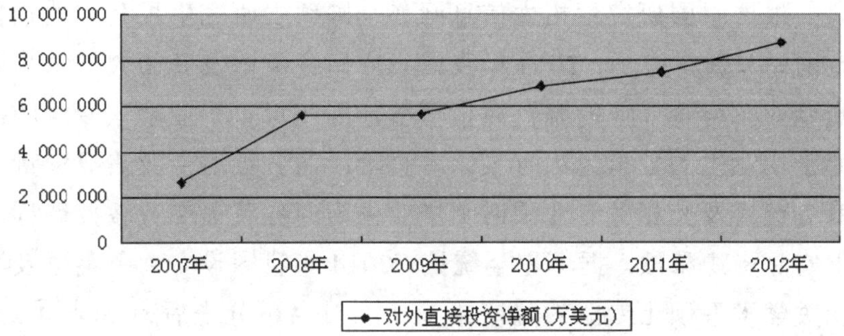

图 4-3　2007～2012 年我国对外直接投资净额（万美元）

数据来源：国家统计局网站（http://www.stats.gov.cn）。

其次是稀缺性。根据中国国际商务英语研究会网站资料显示，教育部于 2006 年批准对外经济贸易大学设立商务英语专业，成为第一所设立商务英语本科专业的院校。2007 年教育部批准设立商务英语专业的学校新增为 2 所，2008 年新增 4 所，2009 年新增 8 所，2010 年新增 17 所，2011 年新增 31 所，2012 年新增 83 所，2013 年新增 70 所（如图 4-4）。截至 2013 年，教育部共批准 216 所院校设立商务英语本科专业。资料表明，每年新增设立商务英语本科专业的院校在不断增多，因此对商务英语专业的复合型外语教师的需求也在不断增加。

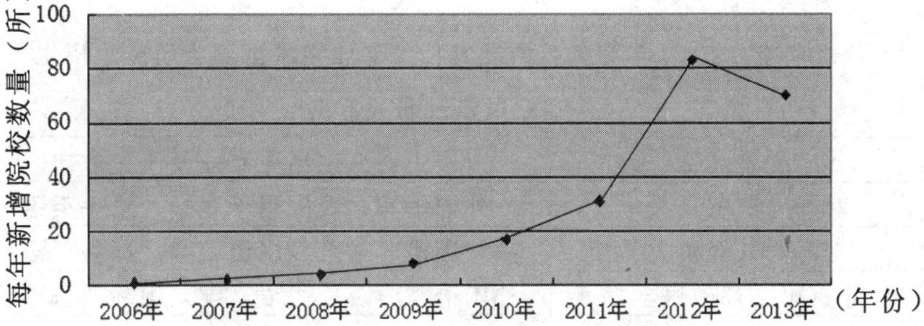

图 4-4　2006～2013 年每年新增教育部批准设立商务英语本科专业的学校

数据来源：中国国际商务英语研究会网站（http://www.caibe.org/index/index.asp）。

根据中国研究生招生信息网（全国硕士研究生报名和调剂指定网站）资料显示，2014 年我国设立商务英语及其相关学术型硕士专业及博士专业的院校屈指可数，因此每年毕业于该专业的硕博士毕业生的数量也很有限。本科阶段商务英语专业需要大量的商务英语及其相关专业硕博士毕业生为商务英语专业教授课程，但实际资源稀缺。据不完全统计，2014 年我国设立商务英语及其相关学术型硕士专业的院校共 16 所（排名不分先后）（如表 4-2），分别为对外经济贸易大学、上海对外经贸大学、北京第二外国语学院、广东外语外贸大学、西安外国语大学、天津外国语大学、首都经济贸易大学、大连海事大学、西南财经大学、吉林财经大学、江西财经大学、东北师范大学、扬州大学、中南民族大学、华中农业大学、郑州轻工业学院。学术型硕士研究生招生专业及研究方向包括商务英语、国际商务英语、商务英语研究、经贸英语各方向、商务英语与教学、商务英语（方向）。2014 年我国设立商务英语学术型博士专业的院校共两所（排名不分先后）（如表 4-3），分别为对外经济贸易大学和广东外语外贸大学。学术型博士研究生招生专业及研究方向为商务英语研究。目前我国商务英语专业的复合型外语教师处于供不应求的状态，需要各高校致力于培养出专业的复合型商务英语教师，以满足日益发展的社会主义市场经济。

表 4–2　2014 年商务英语及其相关专业学术型硕士研究生招生专业目录及研究方向

院校名称	硕士研究生招生专业及研究方向
对外经济贸易大学	外国语言学及应用语言学，商务英语
上海对外经贸大学	外国语言学及应用语言学，商务英语
北京第二外国语学院	外国语言学及应用语言学，国际商务英语
广东外语外贸大学	商务英语研究
西安外国语大学	外国语言学及应用语言学，商务英语
天津外国语大学	英语语言文学，国际商务英语

续表

院校名称	硕士研究生招生专业及研究方向
首都经济贸易大学	外国语言学及应用语言学，商务英语
大连海事大学	外国语言学及应用语言学，商务英语
西南财经大学	外国语言学及应用语言学，商务英语
吉林财经大学	外国语言学及应用语言学，经贸英语各方向
江西财经大学	英语语言文学，商务英语与教学
东北师范大学	外国语言学及应用语言学，商务英语（方向）
扬州大学	英语语言文学，商务英语研究
中南民族大学	英语语言文学，商务英语
华中农业大学	商务英语研究
郑州轻工业学院	国际商务英语

资料来源：中国研究生招生信息网（全国硕士研究生报名和调剂指定网站）（http://yz.chsi.com.cn/）。

表 4-3　2014 年商务英语及其相关专业学术型博士研究生招生专业目录及研究方向

院校名称	硕士研究生招生专业及研究方向
对外经济贸易大学	商务外语研究，商务英语研究
广东外语外贸大学	商务英语研究

资料来源：中国研究生招生信息网（全国硕士研究生报名和调剂指定网站）（http://yz.chsi.com.cn/）。

再次是不可替代性。面对商务英语教师的短缺，有学者另辟蹊径，提出以英语或者是国际贸易教师来代替商务英语教师的想法，其实这是不切实际的思维模式。商务英语教师的专业技能，并不是简简单单地将英语与国际贸易相加，而是有机的结合在一起，在商务英语的世界里，英语支撑着国际商务，而国际商务又以英语为载体。这就像一架飞机的两个引擎，它不能被一个引擎所简单替代。所以，商务英语教师的专业技能与素养，是不可简单被代替的。

最后是可利用性。虽然商务英语在目前阶段不可被英语加国际贸易代替，但是可以对这两个方向的人才培养后加以利用。由于我国商务英语的起步比较晚，到现在为止还没有形成一个完整的体系。但是，我们可以借助后发优势，对学习英语与国际贸易的教学水平与经验比较丰富的教师进行互相的交流培训，对他们学科发展过程中的经验教训加以总结，结合自身特色加以发展，然后再进行整体的系统的培训，真正地使国际贸易与英语有机的结合起来。

三、复合型商务英语教师的现状分析

根据《全国商务英语专业教育调查报告》，其中数据为 22 所高校中的 183 位商务英语教师的专业学历模式构成，如下(表 4-4)：

表 4–4　商务英语教师学历模式结构

模式	描述	数量
英+英	本科和硕士研究生都为英语语言文学专业	45
英+商	本科为英语，硕士研究生为商务（经济学）相关专业，或反之	10
商+商	本科和硕士均为商务（经济学）相关专业	4
英+商英	本科为英语语言文学专业，硕士为商务英语专业，或反之	15
商英+商	本科为商务英语专业，硕士为商务（经济学）专业，或反之	6
双学位，双硕士	获得英语和商务两个学士或者硕士学位	2
英	本科为英语语言文学专业	34
商英	本科为商务英语专业	15
商	本科为经济类专业	2
其他	包括本科与硕士层次的英语与教育、法律、MBA、金融学、传媒等众多专业的结合	50

资料来源：全国商务英语专业教育调查报告，2006：20。

由表 4-4 可知，由于商务英语教师在国内的起步比较晚，不像其他理工科的学科那样成熟，这也就造成了教师本身的本硕博时期的专业出身不相同，通过《全国商务英语专业教育调查报告》的权威调查显示，商务英语教师的专业出身，以本科与硕士层次的英语与教育、法律、MBA、金融学、传媒等众多专业的结合，所占据的比例最高，其已经高达 50%，教师的本科和硕士研究生都为英语语言文学专业的情况紧随其后，而真正的是商务英语专业出身的商务英语教师所占的比例仅仅为 5%，这个数字还仅仅是局限在本科阶段，从这里的调查可以看出，商务英语教师的专业“出身”多是以“英语+商科”这一大类的人才为主，几乎很少是在本科与研究生阶段皆是以商务英语专业“出身”的，从而也可以得出，商务英语的专业人才的培养路径过于单一，扩大商务英语教师培养来源是当务之急。

四、复合型商务英语教师胜任力的组成维度

总的看来，复合型商务英语教师的胜任力应该包含以下几个方面：

（一）扎实的英语语言基础

作为商务英语教师，在教授学生各方面知识能力前，自身首先应具备扎实的理论基础。相较于以前中国学生英语学习只关注于读、写、译，现在英语教学中更加注重听、说、读、写、译五个方面能力的全面培养，在 CET 考试中更是突出了“听”方面的能力。因此，现在商务英语教师要求在这五个方面均衡发展，突出自身特色的同时，必须做到没有短板。

在实际的商务英语教学中，相对于较强的阅读能力，中国学生在听、说、写方面的的能力普遍欠缺。这一方面是由于升学考

试中项目分值的影响，造成学生没有足够重视这些能力的训练；另一方面，商务英语教师在从业多年后，实际运用这方面英语能力的机会不多，造成自身能力下降，更无从对学生有此方面的培养。所以，教师的语言基础不仅是指初次入职时的能力表现，同时更应注重对在职教师继续教育，使其保持较高的业务能力。

（二）坚实系统的商务知识

除了英语教育专业知识，从事商务英语教学的教师还应具备坚实系统的商务专业知识（含行业操作惯例与程序），主要是以下三个方面：

第一，要掌握大量商务专业概念、词汇与系统知识。商务英语教师应具备相关的金融、营销、会计、谈判、电子商务、文秘等方面的知识，具有商业企业运营的各方面知识。

第二，商务沟通技能。商务英语教师应该具备扎实的英语阅读、写作能力，能独立完成日常商务活动中的函电往来，能胜任公司中日常商务活动的口头和书面翻译工作。

第三，要有商务知识更新能力。商务英语教师除了具备以上的商务知识和商务沟通能力外，还应该与时俱进，不断学习提升，随时更新自己的商务知识，掌握国际商务活动中最新动态和丰富多彩的国际商务内容，了解现代经济全球化条件下商务活动的时代课题，如国际营销、技术创新、贸易壁垒、企业文化、营销策略、危机管理等。

（三）跨文化知识与技能

在经济全球化的浪潮中，我们所需要的复合型外语人才必须拥有跨文化的知识与技能。我们通常所说的跨文化能力，其本质是跨文化活动交际的参与者所应该具备的意识、知识和技能三要素。三者有着密切的关系：意识是参与者对目标语文化的理解以及是否愿意交际的心理状态，知识和技能主要是指其能够顺利交际所具备的目标语国家文化知识、交际知识以及语言和交际能力等。跨文化能力的培养需要建立一个培养体系，该体系相应地包括跨文化意识的培养与提高、跨文化知识框架的建立和跨文化技能的锻炼三方面（高一虹，2002）。

相对于在国内接受语言教育，在外语国家的学习及生活经历对学习者无论是在跨文化知识框架的建立还是跨文化技能的锻炼方面都具有显著优势。国内的语言学习，跨文化知识的获取主要是通过课堂内容和阅读一定量的原著书籍。这样的学习，知识获取局限性很大而且很难有完整的框架。在跨文化语言机交际能力的训练上，由于缺乏足够的交际机会的环境压力，国内学习者获得的锻炼能力更是少之又少。而在海外学习的过程中，留学生每天的生活、学习都会感受这个国家的文化传统、人们思维习惯及价值取向，使他们能对目标语言的文化背景知识有一个相对较系统的认识。而每天的日常学习、生活的需要又使他们拥有足够交流的机会。所以，对于复合型外语教师的培养，除招收有海外学习经历的教师外，高校应该鼓励在岗教师到目标语言国家交流进修，不断提升其跨文化知识和技能。

（四）企业实际工作经验

以商务英语为例，大学外语教师在特定行业或企业的工作经验，特别是在如世界500强的企业中的经历，能够帮助教师真正了解企业对人才、知识和技能的要求，有助于自己及时进行专业课程的设置与调整，从而把教学与实践结合起来，培养出合格的英语人才。同时，复合型外语教师除了具备语言能力外，还应该具备一定的其他方向专业能力。在进入教师岗位前，企业工作经历能让其充分了解该专业方向的前沿、发展趋势，这样不仅有利于其在教学中引入行业相关知识背景，拓展学生的视野。这样的经历也能加强其与产业界的联系，为日后教师的继续学习进修，提供帮助。对于在岗教师，院校可以鼓励其进入企业兼职，或者脱产一段时间进入相关企业进修学习，提升其复合素质。

五、结语

总之，21世纪是人才的社会，更需要的是复合型的人才，而复合型的外语人才离不开教师的培养，高质量的复合型人才更离不开高质量的复合型教师，所以我们必须认识到当前培养复合型外语教师的必要性，教师的培养是一个循序渐进的长期的系统的工程，这就要认真研究，系统规划，合理安排，最重要的是要持之以恒地坚持下去，只有这样，才有建设一只适合当今社会发展需求的复合型外语教师队伍的希望，才有真正提高办学综合实力的可能，最后才有可能为国家和社会培养大批合格的复合型外语人才。

第二节　师资队伍建设对商务英语专业大学生就业能力的影响

一、商务英语专业定位

国内学术界对商务英语有几种不同的学科定位。有的学者认为：商务英语是专门用途英语（English for Specific Purposes）的组成部分，商务英语是在商务环境中专用的英语。有的传统型学者认为:只要是在对外贸易中使用的英语都可以定义为商务英语。因此 20 世纪 80 年代以前，商务英语还被称为外贸英语。还有学者给出了新的定义，认为商务英语是属于在应用语言学理论和外国语言学指导下，对英语在国际商务中进行研究的。所以，商务英语就是作为经济学、语言学与管理学交叉学习应用的一种学科而存在的。从以上这些定位中我们很容易发现对于商务英语学科定位的不同方向反映了学术界对商务英语这一特殊学科研究的不断深入。然而，对商务英语专业的学科定位并不明确，到目前为止还只是将商务英语定义为英语的分支学科，学科建设还不能满足学科发展的要求。这就造成学生没有真正地在商务英语专业教学中获得必备的商务专业知识，不仅仅如此，更严重的是跨文化商务能力，实用商务语境下的英语技能和人文素养的综合培养也已经被忽视了。只有把商务英语的学科定位真正明确了，商务英语专职的教师队伍才能改进，具备其应有的素质及能力，才能真正实现商务英语学科的可持续发展。

二、师资队伍存在的问题以及对大学生就业能力的影响

商务英语专业在学科导向和跨学科队伍建设上的定位不明确，使目前国内商务英语教师专业发展方向不清晰。商务英语跨学科发展的内在要求与英语学科的限制性要求相互矛盾，却又同时作用，使得商务英语教师无所适从，陷入发展的困境。此外，在团队建设中，英语学科人才和商科人才在数量和结构的配置上仍然缺乏科学安排和远期规划。所以，商务英语学科的明确定位非常重要，它关系到商务英语教师的专业发展方向。在目前，我

国高校商务英语专业教师的来源一般可分为三种：第一种绝大部分出自英语语言教师。伴随着商务英语课程的增设，迫使一些英语语言教师转变为商务英语教师。第二种是来自大学的经济贸易系，跨院系讲授相关课程的教师。第三种是直接从企业引进的客座老师。总而言之，这三种商务英语教师的授课导致了一个结果，那就是学生所学英语语言无法与商务知识有机地结合在一起。从这里可以看出，高素质商务英语教师人才的缺少是很多高校在开设商务英语课程或专业所面临的困难。如果商务英语跳不出英语专业的既有模式，并且学科定位仍然左右摇摆不定，最终势必成为学科可持续发展的绊脚石。

商务英语专业师资队伍存在的问题主要体现在两个方面：

一方面，商务英语专业教师的专业知识匮乏。商务英语专业的发展历史较短，本专业毕业生中符合要求的教师数量不足。因此，目前商务英语专业教学的教师所学专业多是英语语言文学专业，他们具有扎实的英语基础，但缺乏足够的专业商务知识。

另一方面，商务英语专业教师的行业实践经验不足。商务英语专业相关的就业岗位主要为：外贸跟单员、报检员、报关员等。根据岗位的要求，学生需要了解各种涉外关税政策和法律法规，知晓进出口工作基本流程及国家的相关规定，熟练使用英语处理往来电函。商务英语实践性很强的特点，要求其专业教师须具备足够的实际工作经验。受困于目前高校重理论轻实践的教学模式，以及我国的人事制度，高校教师往往缺乏企业工作经验，取得学位后可直接进入大专院校担任教职。这样的情况往往导致其课程内容与教学方式脱离了实际商务活动要求，高校培养合格商务人才更无从谈起。

专业知识匮乏导致学生的知识结构产生短板，难以在就业市场获得竞争优势；而专业教师的行业实践经验不足严重制约了学生的实际工作能力，这同样降低了大学生的就业能力。

三、商务英语专业教师能力要求

目前，商务英语专业是一个新兴发展的专业。作为专门用途英语的一个分支，商务英语是一门以语言学理论为指导，涉及经济、贸易、管理、营销、金融和法律等多门类知识的复合交叉性学科。其人才培养目标多定位为：英语语言基础扎实，熟悉国际贸易基本理论和操作程序，通晓外事礼仪，并能熟练操作计算机实现现代化办公的高级复合型、应用型人才。教师是人才培养的关键因素。要培养复合型应用人才，教师自身首先应该具备复合型的素质。不同于英语语言学专业，商务英语专业教师更应突出商务实践方面的能力要求。商务英语专业要求将商务知识和英语知识完美融合，就需要教师既有一定的商务理论知识和商务实践经验，又具备较高的英语水平。商务英语教师应具备的能力和素质主要在于以下三个方面：

首先，商务英语专业教师应有深厚的理论基础。商务英语专业的学生必须熟练使用英语进行书面及口语交流，特别强调的是在商务场合恰当且准确地使用英语。基于这样的专业要求，对于教师的英语听、说、读、写、译方面的能力需要有更高的标准。同时，商务英语教师还应具备包括经济学、管理学、国际商法、国际金融学等在内的丰富的商务知识。

其次，商务英语专业教师应有丰富的实践经验。商务英语是一门对学术性和应用性要求都很高的学科，它从本质上要求专业教师既要有扎实的理论知识又要具备相关的实践经验。教师需要熟悉所从事行业的产品信息、市场动态、企业运作方式和发展趋势，安排或协助组织学生深入一线企业进行实习，并对其中出现的问题给予建议及指导。由此可见，商务英语教师必须要放眼行业，在工作和实践中学习商务知识和商务操作技能，并能灵活应对商务环境中出现的各种问题。在课程设置和教学实施过程中，以实践操作代替简单的照本宣科，培养学生商务实践中的英语应用能力，并指导学生参加各种与职业前景相关的资格证书考试，获得相应的资质，根据商务活动的各个环节进行商务技能训练，实现零过渡就业。

最后，商务英语专业教师应有较强的教学与科研能力。作为一名教师，教学能力是其基本要求。商务英语教师必须能够运用现代信息技术进行辅助教学，且具备较强的教学设计能力、管理能力和指导能力，灵活熟练地进行课堂教学并保证教学效果，不断进行教学反思，积极探索教育教学规律，进行教学改革。在科研方面，课题研究、论文写作及教材编写是教师需承担的工作。商务英语在中国起步较晚，此领域有很多研究空白，这是教师学者们的挑战与机遇。教师需要有独立承担课题研究的能力，把握学科发展方向的视野，同时指导研究生为本专业培养后继人才。通过研究更新教学内容,通过教学中发现的问题给研究提供方向，在这种良性循环中，促进教师教研水平的提升。

四、商务英语专业师资队伍发展策略

商务英语师资队伍中每个教师的发展各有特点，如何充分利用其各自的优势，打造一支人员构成合理、知识结构优、教研能力强、实践指导能力高的可持续发展师资团队，对任何一所院校来说都是一项艰巨的任务。

（一）提高现有师资队伍的综合素质

商务英语师资不足，高校很难直接招聘到足够数量符合要求的专业教师。对已有教师队伍进行培训，使其符合专业教学研究的标准是更实际的有效途径。不同的院校应该根据各地不同的教学条件和商务环境做出合适的选择。一般而言，对现有师资的提升培养可以从如下两个方面进行：

1. 商务英语专业教师的培训

第一，实行校本培训。校本培训是指“在教育专家指导下，由学校规划、发起、组织的，以提高教师教研能力、促进学校发展为目标的，通过教育教学和科研活动等方式来培训学校教师的一种校内在职培训”。与其他培训方式相比，校本培训最具实践性和经济性。校本培训不需要教师暂停教学，教师可以更灵活地调整培训和教学的时间。同时，学校也节省了教师脱产所带来的经济成本。培训可以采用多种方式，比如讲座、教研室活动和互助式观课等。

第二，校外基地进修。因为国内高校商务英语教师大多来自英语语言文学专业，且缺乏教学经验，所以学校定期派教师参加各种培训班和研讨会，尤其是参与和商务英语有关的非英语专业课程，有助于弥补英语教师在商务知识方面的缺陷。同时，组织他们进入企业进行实践，定期补充日益更新的商务实践技能也十分必要。对于资深教师，应该鼓励他们作为兼职人员或顾问深入企业，针对企业商务实践中遇到的问题提供学术支持，也可以为他们的学术研究提供更广范的素材和方向。

2. 进行教学和研究方面的合作

第一，教学合作。通过合作教学，教师之间对于教学案例、教学方法和教学目标的共同探讨和交流将有助于其职业发展。例如，对于教学新手，可以向资深教师吸取教学经验；对于资深教师，合作教学能使其获得前沿的商务知识。在课程设置和教师配备上，也可以采取全程合作的方式。对于一些偏重语言基本功的课程，需要以语言教师为主，而由通晓商务实践的专家补充商务知识；对于更强调实践的商务课程，以外聘商务教师授课为主，校内语言教师作为辅助。这样，不仅提升了教学效果，教师自身的知识储备通过与同行的合作也会更加丰富。

第二，研究合作。除了教学，科研是高校教师的另一主要工作职责。课堂实践为教学研究提供丰富的第一手材料，而研究成果反过来又能指导、服务教学（刘润清，1999）。这种循环式不仅有助于提高教师水平和能力，也有助于学生吸收和掌握知识。商务英语学科处在迅速发展阶段，教学中有大量东西需要进一步探讨和研究。通过高校之间、高校与企业之间的合作，充分利用自身优势，相互补充，对教学与实践的问题深入研究，既能加强高校教研内容与行业现实相结合，减少各高校的局限性，也能为行业企业提供更坚实的理论支持，实现双赢发展。

（二）引进专门人才为兼职教师

目前，大专院校在编制内引进足够数量的符合要求的商务英语人才还存在一定困难，但可以采取柔性引进的方式：通过涉外企事业单位或相关科研院所聘请经验丰富且专业知识过硬的专家、学者作为兼职教师，使他们直接参与学校专业教学计划的制订、学生职业规划的指导、为学生学习策略提供咨询并且传播行业的前沿信息。同时，他们还能与校方现有商务英语教师在教学与科研方面进行交流合作，促进共同发展。由此可见，外聘兼职教师不仅可以弥补学校专业师资专业理论及实践经验的不足，弥补校内师资队伍数量短缺的状况，也能改善师资结构，从而优化师资队伍的整体功能。

根据地域特色培养商务英语人才。长三角、珠三角、环渤海和中西部地区等具有相对不同的经济发展特色，学校可派遣教师分批次去往不同地区的外资外贸企业实习或担任兼职工作，从而获取全面丰富的商务实践经验，与现代企业的实际相结合。这将有助于学校的课程建设与教学改革更符合社会实际需要。

根据不同行业特色，从不同领域引进商务人才。他们能把相关行业企业的新技术、新规范等及时引入课堂，使学校的人才培养与不断变化发展的行业实际紧密联系，有利于增强学生运用理论知识解决实际问题的能力，使他们在毕业后能尽快适应行业岗位的工作要求。

（三）逐步实现教师队伍"双师型"目标

"双师型"教师是指：既有传道授业、教书育人的能力，也有类似工程师或技师的职业素质和实践能力。教师是教学的组织者、引导者、实施者，其专业素质直接影响教学效果。所以，提升教师素质已经成为专业发展的核心。"双师型"教师概念的推出，完全符合发展建设中的商务英语专业师资队伍建设要求，商务英语专业的复合性与实践性都决定了其教师队伍应具有"双师型"教师的特点。为了实现"双师型"目标，一方面，学校可以引进具备跨学科知识的人才：英语学位和经济学位、管理学位的双学位人才或者海外毕业的经济学、管理学硕士及其以上学位；另一方面，校方应该积极从相关企事业单位引进具有扎实理论功底和实践技能的实训教师，从而提高"双师型"教师的比例。这些专业人士丰富的实践经验能够弥补当前商务英语师资队伍实践经验不足的缺陷。此外，学校也可以从高职教育发展得比较成熟的发达国家或地区聘请专家学者来进行授课。注重教师的国际化教学水平，能使本地的教师接触新的商务理念，同时通过与外籍教师相互学习和交流，促进共同进步。

（四）建设有层次的人才梯队

有学术影响的学科带头人、中青年学术骨干以及专业基础扎实的新进教师都需要在此团队中占有合适比例，人才引进中应注重各种人才的比例，团队成员应该有适当的年龄梯度，以及需要具有尽可能广泛的学术背景和企业背景。教学团队的成员应各有侧重地专注于教学任务的完成、科研项目的实施、专业课程的革新与建设。校内外师资团队应该定期进行教学科研讨论，对相应教学科研方面的不足进行改善。

（五）师资队伍管理制度化

建立切实可行的师资团队管理体制，在师资培养和考核上有完善的管理机制，推动师资团队建设规范化与科学化，做到人才的合理利用，以解决高校当前商务英语专业教师的队伍结构与知识结构不合理、思想观念落后、教学模式单一和实践指导能力欠缺等问题。

五、结语

作为一个跨学科的新兴学科，商务英语这一特殊专业对师资建设提出了更高的要求，作为一名商务英语的教师不能仅停留在扎实的英语基础、丰富的商务知识上更应该具备较强的实践能力。一个良好的商务英语师资队伍不仅仅能提高商务英语学科的专业建设水平，同时更重要的也要能为商务英语应用型人才提供坚强的保障。良好的师资队伍对提升大学生的就业能力是至关重要的，因此，师资队伍建设应该是本专业发展的重中之重。

第五章

商务英语专业大学生就业能力的培养

第一节 以提升就业能力为导向的商务英语人才培养模式

一、引言

随着经济全球化的发展，国际贸易活动日益频繁，英语已经成为国际商务活动的通用语言，这也对“英语+商务”人才的数量和质量提出了更高的要求。“商务英语”作为本科专业出现已有近十年的时间，全国很多高校都很重视商务英语的学科建设，在教学中不断探索商务英语专业人才的培养模式，已经积累了一定的经验，但同时也暴露出了一些问题，比如只重视学生对专业知识的掌握，而忽视对实际运用能力的培养等。

二、商务英语的定义和特点

商务英语专业起源于应用语言学的 ESP（English for Specific Purpose），其教学和研究在国内外一直很受重视。随着商务英语学科从理论到实践的不断发展，以跨文化交际学、应用语言学、专门用途外语、话语分析等理论为基础，已逐步建立起了自己的学科体系。随着世界经济和科技的发展，商务英语的重要性日益凸显。然而，由于其具有跨学科融合的特点，在对商务英语的定义上还有很大争议。从 ESP 的角度出发，可以将商务英语专业定义为：对应用于商业活动领域的特殊用途英语进行教学和研究的专业。

商务英语的发展可以追溯到20世纪70年代的全球石油危机，西方的资金和知识大量涌入石油资源丰富的国家，商务英语作为贸易交流中必不可少的媒介而得以迅速发展。20 世纪 70 年代，商务专业词汇和表达被认为是商务英语和一般英语的区分标志。商务英语学习者一般在英语水平至少达到中等水平之后，再学习一些商务相关词汇和表达。从 20 世纪 70 年代后期至 80 年代，商务英语的侧重点逐步发生了变化。商务英语的教学更加注重语言的实际功能，比如提出建议、表达观点等功能。20 世纪 90 年代，随着企业商务英语培训项目的发展，商务英语的教学更注重提升学习者能力和素质，比如演讲能力、沟通谈判技巧和高效会谈能力等。

前文已提到，从 ESP 的角度，可以将商务英语划分为两种类型，即一般商务用途英语和特殊商务用途英语。

我国教育部 2000 年颁布的《高等学校英语专业英语教学大

纲》指出："高等学校英语专业培养具有扎实的语言基础和广博的文化知识并能熟练地运用英语在外事、教育、经贸、文化、科技、军事等部门从事翻译、教学、管理、研究等工作的复合型英语人才。"高等教育出版社出版的《高等学校商务英语专业本科教学要求》（试行）把"商务英语"定义为："在经济全球化的环境下，围绕贸易、投资开展的各类经济、公务和社会活动中所使用的语言，具体包括贸易、管理、金融、营销、旅游、新闻、法律等。"目前，我国商务英语的教学同时注重语言能力以及商务能力的培养。根据陈准民教授对我国现行的商务英语教学课程的解释，我国商务英语的教学要求主要包括以下三个方面：①语言能力，包括语音、语法、词汇、听力、口语、阅读、写作和翻译等；②跨文化交际能力，包括跨文化思维能力、跨文化适应能力和跨文化沟通能力等；③商务知识与技能，包括一般商务知识与技能和专业商务知识与技能两个方面。

三、商务英语专业人才培养框架

KSA（Knowledge，Skills，Abilities），即知识、技能和能力，是人力资源管理人员甄选与配置中常用的概念，也是人岗匹配（Person-Job Fit）的基础，企业根据职位对 KSA 的要求列出任职要求，然后根据任职要求来招聘人员。应征者看到招聘广告之后，根据自己对任职要求的理解，在个人简历中列出自己的 KSA，证明自己是这个职位的适合人选。把任职要求中的 KSA 和个人 KSA 进行对比，这个对比过程就是甄选。基于商业英语的专业特点，适宜采用"岗位主导"的人才培养模式，即以胜任岗位所必需的基本素质和能力要求为主导，在扎实掌握专业基础知识的基础上，重点培养学生的技能和能力。因此，在商务英语专业人才培养的过程中，就应以工作实践中所需要的KSA为标准，确定人才的培养模式。

知识就是完成工作和任务必须掌握的数据、词汇、概念、常识、事实和程序。国家教育部本科专业目录中规定，“商务英语”属“外国语言文学类”，专业代码050249，与其他语种，如法语、德语等，以及“翻译”专业平级并列，是英语学科中的一个新兴专业。商务英语专业虽从属于英语学科，但却与传统的英语专业有很大区别。因此，在所需掌握的知识方面，既要包括语音、语法、词汇、听力、口语、阅读、写作、人文等传统的基础知识，又必须涵盖一般的商务知识，包括经济学、金融学、管理学、法学等学科和领域。

技能就是完成工作和任务必须掌握的工具使用方式、行为方式、思维方式、信息传递方式和人际交往方式。具体来说，商务英语专业学生应具备的能力包括语言技能、商务技能、跨文化交际能力等。在教学中，应该把握好商务英语专业应用型专业的特点，正确处理好语言技能训练和商务技能训练之间的平衡关系。而跨文化交际的技能是建立在语言技能之上的文化技能，在教学中应注重培养学生对文化差异的敏感性、宽容性以及处理文化差异的灵活性。

能力就是完成任务必须具备的身体特征、行为特征、思维特征、情绪特征、情感特征和人际交往特征的总和。总体来说，商务英语专业的教学核心就是培养学生在英语语境下，从事商业活动的能力。因此，在教学活动中，除了培养学生扎实的英语基本功和国际商务知识之外，还应坚持以就业为导向，以能力为本位的职业教育观，切实提高学生的职业能力。

四、对商务英语专业人才培养模式改革的建议

通过对用人单位的调查，笔者发现相当一部分的商务英语专业毕业生要么擅长国际商务业务实践但英语水平欠佳，要么具备较好的英语运用能力，但是却不具备国际商务方面的工作能力。目前，既掌握丰富的国际商务知识和技能，又有扎实的英语功底的高素质国际商务人才实际上是较为短缺的，具有全球化的战略性思维和眼光的高端人才更是凤毛麟角。针对这一现状，本书对商务英语专业人才培养模式的改革提出以下几点建议。

（一）改变传统课堂教学形式

传统的英语专业教学采用的是灌输式课堂教学的形式，这种教学方式虽然在知识的传授上具有一定的便捷性，但是也存在一些不可避免的问题，比如很难激发学生的学习热情、学生的技能很难得到切实的锻炼等，因此容易造成学生实践操作能力不强等问题。

在商务英语专业理论教学中，应该注重对学生发散思维和创新能力的培养，更多地运用商务实践活动中的鲜活案例辅助教学，通过对案例的分析、讨论和研究，使学生在头脑中迸发出思想碰撞的火花，加深对理论的理解，同时培养学生的分析问题和解决问题的能力以及合作精神。

（二）“产学结合”——加强对专业实践教学的改革

教师在商务英语专业的人才培养中发挥着非常重要的作用，因此，教师的综合技能水平直接影响人才培养的质量（姚永华、尹璐，2010）。然而，目前高校中很多商务英语专业的教师虽然掌

握了丰富的专业理论知识，但并没有在企业中工作实践的机会。所以，高校应该积极探索校企合作机制，组织商务英语专业教师深入企业进行长期或短期培训、挂职锻炼等，不断提升教师的综合技能和整体素质。高校还可以邀请企业中的精英走进学校，走进课堂，与教师和学生分享实践经验，提高课堂教学的时效性。

除此之外，高校也应鼓励学生走出校门，通过校企合作制度，将课堂教学迁移至企业中，或者依照企业的生产运营过程，实施模拟现场教学。高校还应积极推进产学结合，在企业中建立实践基地，让学生获得在企业中实习的机会，在实践中巩固所学知识，并拓展思维和能力，树立学生的“员工”意识，缩短与工作岗位所需的KSA之间的距离。

五、总结

商务英语专业并不是“商务”和“英语”的简单叠加，而是将传统英语专业主干课程有机融入商务专业的主干课程。在商务英语专业人才培养的过程中，一方面，要继续强调英语基础能力的训练，同时加强商科课程的全英教学；另一方面，要以社会和企业对商务英语人才的需求为导向，有针对性地培养学生的职业技能、能力和综合素质。英语水平的提高与商务能力和跨文化交际能力的提升之间相辅相成、相互促进，最终培养出具备扎实英语基本功，掌握国际商务知识，并具备国际化视野和战略眼光的通用型高级商务人才。

第二节　影响商务英语专业就业能力的因素

随着经济全球化的不断发展，我国已登上国际化的发展舞台，在这种背景下，社会需要大批既精通英语，同时又掌握国际贸易、国际市场营销、国际金融、经济管理等专业商务知识的复合型人才。然而，通过近年来对商务英语专业就业市场的调查和就业情况分析，不难发现商务英语专业学生的就业能力与社会的实际需求仍然存在差距。究其原因，主要是商务英语专业毕业生的就业能力未能满足企业的用人标准。因此，面对不断增大的就业压力，进一步明确和提高商务英语专业学生所应具备的语言能力和专业素质，对于满足社会需求，提高商务英语专业就业率有着十分重要的现实意义。

一、商务英语专业就业能力的含义

商务英语是专门用途英语（English for Specific Purposes，ESP）的一个分支，旨在培养运用英语语言解决商务问题的“精英语，通商务”的复合型人才，是国际商务与英语语言相互渗透，有机结合的产物。而关于就业能力，在国外研究中使用比较普遍，但是国内外学者对其表述并不统一。英国学者希拉吉和波拉德（Hillage & Polard，1998）认为就业能力是个人具备的获得岗位、维持就业和重新就业，并在工作岗位上取得优异绩效的各种素质。

国内学者郑晓明认为，就业能力是指大学毕业生在校期间通过知识的学习和综合素质的开发而获得的能够实现就业理想、满足社会需要，在社会生活中实现自身价值的本领。国内学者陈薇静指出，就业能力包括特殊就业能力和基本就业能力两个方面。其中，特殊就业能力指某种职业所需的特定的技能，而基本技能则是就业者的习惯、态度、性格、价值观等方面。结合商务英语专业，就业能力可以理解为，将英语的听、说、读、写、译作为语言工具，通过对商务知识的系统学习和技能提高，从而具备能够胜任特定工作岗位的商务操作技能和业务处理能力。作为商务英语专业的学生，就业能力的核心应当是对专业知识的驾驭能力，其中包括英语语言的运用、涉外商务知识的掌握以及运用理论知识参与商务实践。此外，就业能力还应包括基本就业能力，即能够承担社会责任，正确处理人际关系的能力。国内学者王军认为，基本的就业能力应包括适应环境的能力、组织管理能力、人际沟通能力、团队协作能力、创新能力等，它是大学生主动适应社会，抓住机遇，早日实现自身价值的提高性能力。

二、商务英语专业就业现状及存在的问题

（一）商务英语专业就业现状

自中国加入 WTO 以来，国际化的步伐不断加快，国际贸易往来日渐频繁，各个领域都需要英语人才，但传统的单一英语专业人才已无法满足用人单位的需求，社会发展需要的是既掌握国际贸易、市场营销、金融管理等专业知识又精通英语的复合型、应用型人才。中国国际贸易学会国际商务英语研究委员会的统计数据表明，我国开设商务英语方向或课程的大专院校已由 20 世纪

80年代末的300余所扩大到了目前的540多所，发展速度迅猛，可见高校对商务英语专业的重视程度也在不断提高。根据笔者所在学校的商务英语专业近年就业情况来看，商务英语专业毕业生的去向主要集中在三资企业，即中外合资经营企业、中外合作经营企业、外商独资经营企业，另外还有就职于国有企业、民营企业和私营企业，就业岗位分布涉及国际贸易、外贸业务员、外贸跟单员、报关员、商务翻译、涉外文秘等。

但实际上，商务英语专业学生就业仍存在诸多困难。主要原因是毕业生的专业素质未能达到用人单位设定的标准，二者之间存在很大差距。国内关于商务英语专业就业情况的研究有很多。国内学者王素芬针对用人单位的需求，做出如下总结：一是毕业生掌握良好的商务英语专业知识和技能；二是这些学生具有较好的商务交际与沟通能力；三是具有较强的团队协作和吃苦耐劳的精神，也就是具有较高的综合素质。因此商务英语专业学生除应具备扎实的专业知识外，个人综合素质也发挥重要作用。而现状是毕业生往往自身就业能力有限，即使有众多职位空缺，恐难以胜任，造成就业过程中的诸多问题和障碍。

（二）商务英语专业就业存在的问题

1. 基础知识不扎实，缺乏社会实践

商务英语专业的学生既要学习英语语言，又要具备商务能力，很容易出现只有广度，缺乏深度的“半成品”，即英语不精通，商务能力也欠缺。在英语语言方面，商务英语专业由于要开设商务课程，英语翻译等专业英语课程课时有限，外加一些学生英语基础薄弱，在校期间学习自主性不高，思想放松，导致毕业生的英语听、说、读、写、译能力不能达到精通水平。尤其在应试教育思想的影响下，听和说两方面是大多数英语专业学生的弱势所在。

在商务知识方面，多数高校的商务英语课程是以理论教学为主，采用传统的教学方式，忽视了对学生实践能力的培养。学生在校期间很难有机会参与社会实践活动，故不能真正地吸收理论知识，只知其然而不知其所以然，更不用说在实践中运用理论知识了，因此只能是死记硬背，无法很好地将英语与商务相结合，无法尝试运用语言工具解决商务问题。在日后走入工作岗位时，难免产生眼高手低，理论与实际脱节的现实情况。

2. 个人综合素质有待提高

缺乏社会实践导致的另一后果便是毕业生走入社会后，在待人处世、团队合作等方面缺乏经验，有待培养和提高。商务英语专业学生与其他高校学生一样，多年的大学生活使其在象牙塔中无法充分体会社会的纷繁复杂，甚至有些学生不具备最基本的待人接物、为人处世的能力。此外，英语专业要求学生除掌握语言本身外，还应了解不同的语言背景，包括文化背景、教育背景、宗教背景、价值观念等，这就要求商务英语专业学生积累一定的跨文化交际知识。从用人单位角度来看，企业看重的不仅是员工的专业知识和专业能力，员工的综合素质如团队协作能力、责任感、创新能力、沟通能力都是企业衡量员工的重要指标。

国内学者蔡学梅、邵吉丽（2011）指出：商务英语专业学生的专业技能，尤其是动手能力亟待加强和提高；同时，要注重综合素质培养，从业资格证书和相关证书不可忽视。一些与商务英语专业相关的职业资格证书，例如英语专业证书、剑桥商务英语证书、报关员、跟单员、报检员、会计证书等是商务英语专业毕业生日后就业的敲门砖。

3. 缺乏正确的就业观

在学校中，大多数高校学生对自己的职业道路没有清晰的规划，对于未来要从事的行业及职务既不清楚也不了解，难免会经历迷茫时期。待走入社会，虽然商务英语专业的就业范围广泛，职位需求较多，但是毕业生就业准备并不充分，对于严峻的竞争形势、相关企业的背景知识等知之甚少，也导致出现就业障碍，陷入高不成低不就、好高骛远的尴尬境地。同时，还有不少学生就业观念仍旧保守，力求稳定职业而选择国有企事业单位。

三、提高商务英语专业就业能力的对策

（一）合理设置课程，夯实学生专业基础

科学合理的课程设置是人才培养的基础。从社会的需求角度出发，用人单位需要的是复合型、应用型的外语人才，商务作为主线，英语作为工具，因此商务英语专业的课程设置应以培养目标为依据，以提高学生的专业能力为重点，以实用性为核心，达到语言与商务的完美结合。

同时商务英语专业的课程设置要注重“基础与应用、理论与实践、必修与选修”的结合，既要涵盖基础课程，专业课程，又要涉及选修课程。基础课程包括公共基础课程和专业基础课程，公共基础课程指思想政治、计算机、法律等，而专业基础课程是旨在帮助学生巩固英语语音、语法、阅读、写作、翻译、听力等方面的英语课程，提升学生的英语运用能力，尤其是听和说两个薄弱环节。专业课程主要是通过优化教学资源配置，以“实用”为目标，开设国际商务、国际贸易、市场营销等课程，使学生掌握国际贸易操作流程，了解现代企业管理体制，具备商务谈判、商务函电的专业技能。高校应谨慎选用教材，注重教材的国际性和实用性，定时更新，保证与国际接轨，教材内容紧跟时代发展，使学生所学知识能真正适应今后工作岗位的需要。选修课程可以涉及酒店英语、旅游英语、跨文化交际等，让学生根据自己不同的爱好进行选择，意在培养商务英语专业学生的沟通能力、商务

礼仪、团队协作能力等职业素养。

（二）实施实践教学，提高学生实践能力

人才的培养是以社会的实际需求为导向，21世纪的社会需要德智体美全面发展的新型应用型人才，因此学校在理论教学的基础上，应更加注重实践教学，尽量提供更多的实践机会，让学生在实践中发现问题，解决问题，从而掌握专业技能。在课堂教学中，教师可以以实践为核心设计课程，多组织一些模拟商务谈判、模拟商务对话、模拟外贸操作流程、模拟国际贸易结算等活动，尽可能逼真地展现这些场景，既能以新颖的教学模式调动学生学习兴趣，活跃课堂氛围，又可以使学生从枯燥的理论知识中解脱出来，将理论知识运用到真实的场景之中。

此外，高校可以实施“走出去”战略，与企业建立长期稳定的实习合作关系，定期向企业输送商务英语专业人才，既可以为企业注入新鲜血液，增强企业活力，同时学生获得宝贵的实践机会，开阔眼界，在实践中提升学以致用的能力。在实习期间，学校要做好监督指导工作，学生及时总结心得体会，保证实习效果。校企合作的其他形式可以是邀请一些商界精英、企业高管、教授专家来校分享宝贵的职场经验，为学生指点迷津，让学生有机会提前体验不同的企业氛围和工作环境，为今后步入职场打下基础。

（三）开展就业指导工作，规划学生职业发展

面对越来越激烈的竞争压力，不少商务英语专业毕业生在就业之前都会经历迷茫时期，因此学生有必要在校期间进行求职定位和职业规划，为就业做好充分准备。学校的就业指导部门有责任开展相关工作，首先帮助学生树立正确的就业观，做好职业生涯规划，一步步引导学生了解自己的兴趣爱好所在，了解不同职业的岗位要求，最终根据自己的个性特点选择理想的行业和岗位，

避免盲从、跟风；其次要普及与商务英语职业相关的职场知识，帮助学生做好就业准备工作，如个人简历的制作、商务礼仪、面试经验等都是值得毕业生学习和注意的；最后就业指导部门应搜集和整理广泛的社会需求信息，搭建起信息传递的桥梁，为毕业生创造尽可能多的就业机会。

四、总结

商务英语专业的出现和发展符合社会的发展趋势，虽然商务英语专业的学生就业具有广阔的前景，与该专业相关的岗位也日趋增多，但是毕业生所具备的专业技能与用人单位需求之间的差距导致许多商务英语专业毕业生就业存在困难，主要表现在理论知识不扎实、缺乏社会实践、个人综合素质有待提高、缺乏正确的就业观念等。对此本书建议高校应当对商务英语专业设置科学合理的课程、实施更多的实践教学、开展就业指导工作等，帮助毕业生提高就业能力，增强就业过程中的竞争力，进而提高商务英语专业学生的就业率。

第三节　以培养就业能力为导向的商务英语专业课程体系建设

随着市场经济体制改革和中国加入WTO，中国与世界的交流与合作进一步加强。因此，我国对既懂语言又有专业知识的复合型人才的需求大大增加。商务英语作为一种特别用途的英语，它结合了英语与金融、会计、市场营销、人力资源等商务活动的知识与实践。该课程体系的设置为适应市场需求、培养复合型专业人才提供了保障。目前，全国有八百多所院校开设了英语专业，而且发展相对成熟。相对而言，商务英语还处于发展的初期阶段，一些院校开设商务英语的时间较短，课程的设置还有待改善。因此，对商务英语课程体系建设的研究十分必要。

一、商务英语的概念界定

中国商务英语的提出与发展与国外的 ESP 理论息息相关，中国的外向型经济和世界经济全球化又进一步推动了商务英语的繁荣与发展。

国外学者在 20 世纪 90 年代就对商务英语给出了一些定义：英国的语言学家Jones和Alexander（1994）在*International Business English*中把商务英语称为“English for business”和“English used in business contexts”。Ellis 和Johnson（1994）从专门用途英语ESP（English for Specific Purpose）的角度来描述商务英语。他们认为，商务英语是专门用途英语的一个分支。和专门用途英语的其他分支一样，商务英语侧重的是特定语境下的特殊交际。商务英语应用于商务环境中，是从事或打算从事商务的专业人才所应用的专门用途英语。

国内的一些学者也对商务英语进行了界定，其中比较全面的要数张佐成、王彦（2002）给出的定义：商务英语是在商务场合中，商务活动的参与人为达到各自的商业目的，遵循行业惯例和程序并受社会文化因素的影响，有选择地使用英语的词汇语法资源，运用语用策略，以书面或口头形式所进行的交际活动系统。

该定义较为详细地描述了商务知识、英语语言知识与商务实务之间的关系。

二、商务英语专业课程

（一）商务英语专业课程的发展历程

20 世纪 50 年代初，当时的商务英语被称作“外贸英语”，当时是以“外贸英语函电”、“外贸英语口语”、“西方报刊经贸英语选读”为主要课程（刘法公，2009）。20 世纪 80 年代，外贸英语变为经贸英语，课程的范围扩大了。经贸英语除了英语语言类课程外，还增设了一些经贸知识课程，甚至模仿西方的商科教学模式进行商务英语教学。到 20 世纪 90 年代，随着中国市场经济和世界经济全球化的发展，对“英语+商务”复合型专业人才的需求大大增加，商务英语开始取代外贸英语和经贸英语。但是直到 2007 年，教育部才批准商务英语作为一门独立的专业。经过 50 多年的建设与发展，商务英语专业逐步成熟，课程设置也日渐完善。

（二）商务英语专业人才培养目标

商务英语专业是英语专业适应改革开放对复合型人才的需要应运而生的。该专业遵循“英语＋商务”的理念，在强化学生英语专业知识的基础上，开设商务类课程，优化学生的知识结构，增强学生就业能力，最终实现社会对人才需求与学生对就业需求的有效对接。商务英语专业旨在培养具有扎实的英语基本功、开阔的国际化视野、掌握国际商务基本知识和理论，具备较高的人文素养和跨文化交际与沟通能力，能够从事国际商务业务的复合型人才。毕业生的去向主要是跨国公司、政府外事部门、大型国企的国际商务部门。

值得一提的是“英语＋商务”绝不是英语和商务知识的简单堆砌，而是英语语言的运用能力和商务理论与实践能力的融合。这里更强调的是“实战”，是对理论的应用，理论结合实际，培养复合型、应用型商务英语人才。那么该专业必须全面培养学生的知识、技能和能力（KSA）。所谓知识（Knowledge）指的是英语与商务的专业知识；技能（Skills）指的是学生具备的基本技能，如听说写读、解决问题、目标设定、人际关系、决策、资源运用技能、职业生涯规划、组织、领导等；能力（Abilities）强调的是逻辑推理、学习、思维、创造、理解等方面的能力。

（三）商务英语专业的课程设置

课程设置是人才培养目标的具体体现，也是实现培养目标的根本途径。培养学生的KSA，必须优化该专业的课程设置。传统的英语语言教学以语言文学为主，过度强调理论课程，导致学生的知识面较窄，对商务知识了解甚少。商务英语课程的设置必须要改变传统的培养模式，把英语知识和商务专业知识拓展相结合。同时，传统的教学模式忽略对学生技能的培养，难以把授课内容与就业需求有效结合。因此，商务英语专业必须在“英语+商务”的基础上，培养学生相关就业技能，帮助学生通过各种资格认证考核。在知识、技能的基础上，该专业还需重视学生能力的培养，尤其是分析问题和解决问题的能力，而这一点在传统的课程设置中很难涉及。总之，商务英语专业必须突出“英语+商务知识+技能+能力”的复合型、应用型人才培养特色，这是商务英语专业课程设置的出发点和立足点。下面笔者从KSA就业能力，即知识、技能、能力三个方面对课程的设置进行详细论述：

1. 知识

商务英语专业是英语专业知识与商务专业知识的紧密结合，该专业的前期以英语语言能力提升为主，后期进行商务知识授课，课程以经济学和管理学为主。

课程设置分为公共必修课、公共选修课、专业基础课、专业必修课和专业选修课（李莉，2013）。本专业的主干课程：基础英语、英语阅读、基础英语写作、英语听力、英语口语、商务英语听力、商务英语口语、商务英语写作、高级英语、英语国家概况、英美文学史、语言学导论、商务英语翻译、商务英语口译、商务英语报刊选读、跨文化商务交际、西方经济学基础、国际贸易理论与实务、国际金融学、管理学原理、市场营销学、组织行为学等。

四年制本科学习分为基础阶段和高年级专业阶段。基础阶段的教学着重锻炼学生的英语语言基本功，并学习基础商务英语，培养学生语言运用能力和跨文化交际能力，为进入高年级打下扎实的专业基础。高年级阶段重点提高商务知识，有选择地学习经济学、管理学、国际商法等商务专业知识，并开设英语语言、文学和文化知识课程供学生选修，提高学生的人文素养。两个教学阶段中课程设置各有侧重，保持四年教学的连续性和完整性，自始至终注意提高商务英语应用能力。

对于学生知识的考核分为考试和考查两种。必修课为考试课，选修课为考查课。学期课程期末综合成绩按平时成绩和期末成绩以一定比例核算，如平时成绩占30%，期末成绩占70%。考查课程根据平时成绩、阶段测验、作业情况等评定成绩。

2. 技能

对于商务英语专业的学生来说，获得职业资格认证，不仅能够与社会需要接轨，而且可以大大增加就业机会，能更好地为企业和其他社会部门服务，体现个人价值。因此在整个课程体系中，组织学生参加各种职业资格证书考试，获得就业技能也十分重要。相关的证书如口笔译证书、剑桥商务英语、报关员、税务师、会计师、金融分析师、人力资源管理师等，这些证书的获得对学生今后的就业有很大的帮助。

学校可以采取在职教师授课和邀请有经验的经理人授课的方式，把各种资格证书考试所需要的理论知识与技能和日常教学紧密结合，按照“学以致用、用以促学”的思想对学生进行指导训练，帮助学生顺利通过资格认证考核。

3. 能力

能力主要指学生完成一项目标或者任务所体现出来的综合素质，在这里主要指个体分析问题和解决问题的能力。这种能力的获得仅凭借简单的课堂授课是不可能实现的。在校期间，学校应以社会实践和企业实习的形式来培养学生的能力。

首先，社会实践是课堂教学的延伸与扩展，是培养和发展学生能力的重要途径。本专业鼓励学生以志愿者的身份参加各种涉外活动，如夏季达沃斯、气候大会等；加强学生第二课堂建设，通过英语文化节、专业技能竞赛等活动，调动学生的积极性；由科研成果丰富的教师在课外指导学生进行科研创新训练，鼓励学生参加科研项目，培养学生良好的科研意识和创新意识。其次，在学生步入职场前，实习也是关键的一步。实习不仅能帮助学生明确今后的就业方向，更能让学生提前了解企业和相关社会部门的运作，认识到自身的不足。商务英语专业相对于传统的英语专业来说，更注重应用能力。该专业可以采取校企联合的方式，实行学分制对学生进行考核。学校与企业紧密联系，企业及时反馈学生信息，学校可以根据反馈的信息调整培养方案和相关课程；学生要根据实习内容和经验，撰写实习报告。

只有通过各种形式的社会实践和企业实习，学生才能真正地参与社会工作，在参与中锻炼分析问题、解决问题的能力，提升综合素质，增强市场竞争力和就业能力。

三、课程体系的配套措施

课程体系的重要性固然不可忽视，但是，它必须由教材建设、师资队伍建设和先进的教学方法等相关的配套措施来支撑。

首先是教材建设。一方面学校可以引进部分英文原版教材；另一方面，学校可以邀请专家学者和教师结合中国学生的特点和需要来编写教材（王兴孙，1997）。但是教材的编写不能单靠商务英语教师，只有英语教师与商科专业教师紧密合作，才能产生协同效应，编写出高质量的教材。

其次是师资队伍的培养。为适应市场需求，各大院校纷纷开设商务英语专业，致使对复合型专业教师的需求一时难以满足。培养有英语基础和商务专业的教师是当前相当紧迫的任务。这需要学校选派有关教师，特别是青年教师参加国内、国外的培训和进修，或者是积极地从国外引进这一方面的人才。

最后是采用先进的教学方法。好的教学方法可以起到事半功倍的效果。教学方法上应改变单纯理论授课的模式，结合工作岗位的具体情况，采取情景教学、实践教学模式，满足岗位要求。教学评估也应该多元化，从课堂知识和实践能力等角度全面评价学生的综合能力。

四、结语

商务英语专业课程体系建设过程中，高校应以市场需求为导向，注重英语与商务知识的有机融合，强化实践训练，培养学生的知识、技能和能力。当然，与课程体系相关的教材、师资、教学方法等也不可忽略。总之，课程体系建设任重道远，高校需要在实践的基础上，不断完善课程体系建设。

第四节　职业资格证书对商务英语专业学生就业能力的影响

商务英语顾名思义"商务"+"英语"。英国著名的BEC教材编写者Leo Jones和Richard Alexander（2012）说明商务英语是General English + Special Terms（李蕾，2012）。商务英语专业旨在提高学生英语水平的基础上，同时拓展商务知识，内容涉及企业管理、贸易、谈判、财务等知识和技能。商务英语专业的学生，不仅应该具备扎实的英语基本功，而且应具备较强的跨文化交际能力和先进的商务理念。据统计，目前国内共有200多所院校开设商务英语专业，意在培养复合型人才，提高毕业生的就业能力。但是随着逐年增多的高校毕业生人数，商务英语专业同样面临严峻的就业形势。为此，商务英语专业学生为提高自己的就业能力，越来越多的人选择考取职业资格证书。

一、就业形势严峻源于低就业能力

近年来，高校毕业生面临严峻的就业形势，据我国人力资源和社会保障部的数据显示，2013年大学生毕业人数约700万，比

2012 年的 680 万人数又增加了 20 万左右。然而十年前，2003 年的大学生毕业人数只有 212 万，十年时间，毕业人数增加两倍多（如图 5-1 所示）。

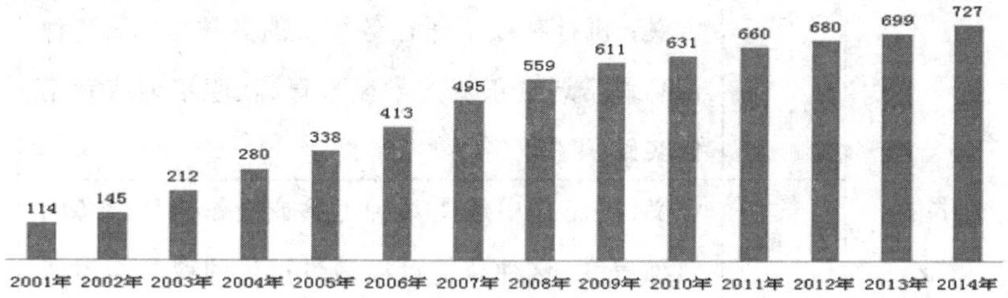

图 5–1　2001 ~ 2004 年高校毕业生人数（百万）

图片来源：中国教育在线 http://www.eol.cn/html/c/2014gxbys/

从整体需求来看，智联招聘数据显示，2014 年面向毕业生的职位发布量相比去年增长 10.14%，毕业生就业竞争指数有所下降。智联招聘认为，“就业难”并不是难在岗位的缺乏，而是难在毕业生对未来方向、社会需求的认知错位及自我缺乏了解产生迷茫。麦可思与腾讯教育频道合作的 2013 届毕业生流向调查显示，从 2012 年 10 月 29 日至 2013 年 4 月 10 被调查的 2013 届硕士毕业生签约率为 26%，低于 2012 届同期 11 个百分点；本科毕业生为 35%，低于 2012 届同期 12 个百分点。目前 2013 届本科毕业生总体签约进程与上届相比明显下滑。

面对如此庞大的大学生就业大军，高校毕业生如何能在职场中脱颖而出，找到一份满意的工作？国际劳工组织（ILO）将求职者这种获得工作的能力称为就业能力（Employ Ability），即个体获得和保持工作、在工作中进步以及应对工作生活中出现的变化的能力（贾利军，2007）。高校毕业生要想获得这样的就业能力，一般会从三个方面入手，即增加知识储备，获取技能并提升能力。这也就是通常人力资源部门提到的 KSA 概念如表 5-1 所示。K 即

Knowledge（知识）、S 指 Skills（技能）以及 A 代表 Abilities（能力）。

表 5-1　大学生的就业能力

大学生就业能力（KSA）	知识（K）	定义：执行某项工作任务需要的具体信息，这种信息通常通过正规的学校教育、在职培训或者工作实践积累获得
	技能（S）	定义：在工作中运用某种工具或操作某种设备的熟练程度。这种技能可以通过正规的课堂学习获得，也可以在工作实践中通过非正式的方式获得
	能力（A）	定义：包括智力、空间感、反应速度、耐久力等方面的内容。能力大小一般通过测试来衡量，测试结果表明员工是否具备执行某一任务所需要的具体能力及能力的大小

通常技能会通过一系列的职业技能证书来体现，例如：一名合格的律师必须通过国家司法考试，取得法律职业资格证书；一名合格的审计师必须通过注册会计师的考试，取得注册会计师证书；当老师要取得教师资格证等。随着我国市场经济的深入发展，人才市场逐步规范，一些岗位实行职业资格准入制度已成为必然。劳动和社会保障部发布的需要持职业资格证上岗的岗位已达 90 个，这也进一步加重了各类证书的分量。另外，很多证书都是求职者进入职场的敲门砖，如大学英语四六级，计算机二级等。如果求职者没有取得这样的证书，他们很可能连初步的简历筛选都无法通过，更不可能得到面试机会。于是，面对如此高压的就业环境，高校大学生们义无反顾的投身于考证大军，期望用各类证书增加就业的砝码，常见提升就业能力的证书如表 5-2 所示。

表 5–2　常见提升就业能力的证书

常见提升就业能力的证书	语言类	专业英语的四级和八级
	财务类	会计从业资格证，注册会计师
	技能类	教师资格证、计算机二级

对商务英语专业学生来说，同样如此，大家忙忙碌碌地穿梭于各类证书之间。通常大家考的各类证书包括专业英语的四级和八级、计算机二级、BEC 初（中、高）级、教师资格证以及跨专业的财务会计类证书等。各类证书鱼龙混杂，含金量参差不齐，对商务英语专业的学生来说，有利有弊。

二、考证对商务英语专业学生能力的提升

ACCA 在国内称为“国际注册会计师”，实际上是英国特许公认会计师公会（The Association Of Chartered Certificated Accountants）的缩写，成立于 1904 年，是世界上著名的国际会计师团体，通过 ACCA 考试就好比拥有了打开职业发展之门的金钥匙。ACCA 以高质量的课程设计、高标准的培训要求和高水平的考试安排，赢得联合国和大量国际组织的高度评价，更为众多的跨国公司和专业机构所推崇。在全球的 36 个主要国家里有超过 6 000 家跨国公司信赖 ACCA（吴青川，2007）。考 ACCA 的过程，对商务用语专业学生的利处主要体现在以下几个方面。

（一）提升了语言基础

ACCA 是英国的会计师协会，所以其指定教材以及配套练习都是英文，试卷也是全英文，要求考生全英文答题。这样的纯英

语环境让学员在学习专业的财会术语以及知识的同时，不知不觉地掌握了大量英语词汇以及固定表达，培养了极好的语感和对英语的敏感度。不同的语言有不同的信息组织方式和思维方式，ACCA 的学习促进了学生对不同文化的适应与沟通，培养了学生的跨文化交际能力（秦弋雯，2006）。另外，ACCA 的 14 门课程，除前三门是选择题外，剩下的 11 门都要求考生进行计算和论述。在答题的过程中，考生也在不知不觉中练习了自己的英文写作。通过大量读和写的训练，考生的英语水平都会有不同程度的提高。

（二）拓展专业范围，成为复合型人才

ACCA 共 14 门课程，共分为两个阶段。第一阶段为基础阶段，主要分为知识课程和技能课程。

知识课程（F1–F3）

F1	会计师与企业 Accountant in Business（AB）
F2	管理会计 Management Accounting（MA）
F3	财务会计 Financial Accounting（FA）

技能课程（F4–F9）

F4	公司法与商法 Corporate and Business Law（CL）
F5	业绩管理 Performance Management（PM）
F6	税务 Taxation（TX）
F7	财务报告 Financial Reporting（FR）
F8	审计与认证业务 Audit and Assurance（AA）
F9	财务管理 Financial Management（FM）

前三门（F1-F3）为知识课程，涉及财务会计和管理会计方面的核心知识，也为后续技能课程的学习搭建了一个平台。技能课

程共六门（F4-F9），涵盖了一名会计师所涉及的知识领域以及必须掌握的技能，主要课程包括公司法与商法、业绩管理、税务、财务报告、审计与认证业务以及财务管理。第二阶段为专业阶段，主要分为核心课程（P1-P3）和选修（四选二）（P4-P7）课程。

核心课程（P1–P3）

P1	专业会计师 Professional Accountant（PA）
P2	公司报告 Corporate Reporting（CR）
P3	商务分析 Business Analysis（BA）

选修课程（四门任选二门）

P4	高级财务管理 Advanced Financial Management（AFM）
P5	高级业绩管理 Advanced Performance Management（APM）
P6	高级税务 Advanced Taxation（ATX）
P7	高级审计与认证业务 Advanced Audit and Assurance（AAA）

该阶段的课程相当于硕士阶段的课程难度，是对第一部分课程的引申和发展。该阶段课程引入了作为未来高级会计师所必须的更高级的职业技能和知识技能，主要包括专业会计师、公司报告和商业分析。选修课程为从事高级管理咨询或顾问的学员，设计了解决更高级和更复杂的问题的技能，主要包括高级财务和业绩管理、高级税务以及高级审计与认证业务。这 14 门课程已经完整的涵盖了从基础到高级的会计和审计方面的专业知识，而且还涵盖了人力资源、公司管理、战略决策、法务、税务、业绩衡量、财务管理、职业道德等方面的知识体系。对商务英语专业的学生来说，这样的结构体系不仅加深了商务知识，而且使其具备从事会计、人力资源、金融工程等行业的能力。在如此激烈的就业环境下，复合型的求职者无疑将成为职场的宠儿。

（三）锻炼平衡课内外学习时间和精力的能力

ACCA课程的学习，最能锻炼学生平衡课内外学习时间和精力的能力，因为其一共有14门课程，通常情况学员一般在3～5年内通过全部考试。这样长时间的学习和考试要求考生有顽强的毅力，同时要保证充足的学习时间和精力投入。商务英语专业的大学生，平时不仅要学习基础的英语听说读写，还要学习商务知识，因此课业负担并不轻。另外，ACCA每年两次的考试集中到6月和12月，与大学里的期末考试很接近，这就更加要求考生要平衡好自己的学习时间和精力。

（四）积累考试技巧以及考场心理情绪调节的方法

经验就是慢慢积累的，考试经验同样如此。通过ACCA考试的训练，考生一般会有较强的心理素质和适合自己的考试技巧。以ACCA F8的考试为例，F8第一题为必答题，第二到第五题可以选择其中两道作答。考试时间三个小时，另外有15分钟的计划统筹时间，考生必须学会用15分钟总览试题，确定选做题的题号以及答题提纲。三小时的答题时间远远不够，这就要求考生有舍有得，要尽量挑选自己有把握并且分值高的题来作答。ACCA的考试，如果有一门没过，下次需要重考，很多学员在某一科可能会重考两三次，这对考生的心理是极大的挑战，能否克服前几次失利的阴影，对考试的通过至关重要。ACCA的学员经常会用这样一句话为自己打气“我连ACCA都考完了，还有什么怕的？”。这也从侧面反映了ACCA考试对学员的正面作用。

三、考证对商务英语专业学生的负面影响

任何事物都有两面性，考证同样如此。考证对商务英语专业学生带来的不利影响同样值得注意，还以 ACCA 为例:

（一）选择不当的证书浪费时间和精力

任何证书的获得都要花费时间和精力，像ACCA这样历时较长的证书，对考生的毅力是极大的考验。很多人通过了基础课程的考试，但后面专业课程的考试就不太顺利，要反复考几次才能通过，有些人最终只能选择放弃，前面通过的课程也毫无用处了。大学生的时间和精力有限，应该投入到最值得投入、最有价值的地方，所以在准备考证之前，学生们应该做足功课，了解各类证书的难易程度和通过时间，同时评估自己的兴趣和特长，选择适合自己的证书。另外，每一个证书的取得都要求学习相关知识，这需要考生时间和精力的投入。如果投入过多时间学习课外知识，势必会影响学校专业课的学习。很多考证的时间都与学校期末考试的时间接近，考生如果不能很好地平衡二者的复习时间，花费过多的时间和精力在考证上，这也会影响学校专业课的成绩。作为大学生，学好专业知识是自己的本职工作，千万不能本末倒置。

（二）选择不当的证书浪费金钱

目前可供大学生考的证书多达 100 多种，这些证书鱼龙混杂，含金量有高有低。大学生如果没有选择适合自己的证书，只是一味盲目跟风，到头来只会竹篮打水一场空。值得注意的是现在“洋证书”越来越多，其含金量是不是如其宣传那样，还得进一步验证，但其考证费用却不容小觑，少则几千元，多则几万元，ACCA

就是一个比较昂贵的证书。全部通过 14 门考试，考试费和培训费至少 5 万元。如果大学生盲目选择了 ACCA 了，最后发现考不下来或者这个证书与自己的职业规划有偏差，那么金钱的损失是巨大的。

（三）注重考证，忽略实际能力的提升

很多用人单位都说证书并不等同于能力，他们更看重求职者的实际工作能力。很多“考霸”在实际工作中的表现差强人意，这就反映了证书与能力的脱节。据宁波大学对 102 家企事业单位的调查显示，70%的企业主管表示，不少大学生证书虽然多，但对专业知识的掌握和综合能力的培养不够，有舍本逐末之嫌；70%的被访者希望大学生具备实践应用能力，而真正看重证书的企业却不到 8%。作为商务英语专业的学生，应该具备跨文化交际能力，商务、外贸知识和商务运作能力。在考证的同时，学生应该注重以上知识和能力的积累，不能只功利的看重最终结果。

四、商务英语专业学生考证的建议

考证对大学生的影响是把双刃剑，大学生应该理性选择。首先是选择与自身职业生涯匹配的证书。商务英语专业学生通常从事翻译、外贸、商务沟通等工作，也有部分同学选择做老师。在决定考证之前，大学生应该明确自己的职业规划，如果今后想做一名老师，那么教师资格证就很有必要；如果想从事翻译工作，那么必须具备口笔译的二级、三级证书；同样，志在财务方面的同学，则可以选择一些金融类和会计类的证书。无论哪种证书，适合自已并与自己志趣一致的证书就是最好的。其次是注重考证过程。成人学习的特点是计划性与自我激励。真正知识的积累在

于学习的过程，考证同样如此。大学生们一旦决定了要考证，就应该全力以赴，享受知识获取的过程，不要一味地只看中结果。最后是选择正规培训机构。目前市场上各类证书的培训机构众多，大家应该尽量选择知名度高，信誉好的培训机构，确保自己能学到真正的知识，拿到正规合格的证书。

总体来说，“考证热”是大学生中普遍存在的问题。在竞争如此激烈的就业环境下，大学生们都希望用证书来证明自己的能力和价值，增强就业能力。同时，考证对商务英语专业的学生来说，确实益处多多。因为其专业特点，考证的同时不仅学习了专业知识，而且进一步扎实了语言基础，锻炼了考生平衡学习课内外知识的学习时间的能力，并积累了考试技巧，增加了就业能力。

第六章

商务英语专业国际化教学改革实践

第一节　德国高等教育国际化办学

一、德国高等教育国际化改革的历史背景

德国是现代大学制度的发源地。独立大学、学术自由、教育和科研结合，这是洪堡在19世纪初创办柏林大学时提出的原则，不但从根本上改造了德国旧的高等教育，使德国大学成为世界科学研究的中心，而且也在世界各地得到传播和认同，成为大学的原则，深刻影响了全世界的高等教育。近年来，德国的高等教育影响着其他国家的教育，特别是高等教育的国际化。

（一）经济全球化是德国高等教育国际化改革的深远背景

经济全球化是世界经济发展中不可逆转的趋势，其中的一个重要特征是人力、资金、知识、信息等资源在世界范围内的自由流动。而经济与教育之间历来就存在着相互依存，相互促进和相互制约的密切关系。经济全球化必然会引起高等教育的国际化，高等教育的国际化是经济全球化的必然结果。其影响表现在：首先，经济全球化拉动了教育的跨境扩张和资源交流，促使各国教育开放，加强了高等教育之间的竞争与合作；其次，经济全球化中跨国公司的发展不仅为社会提供了各种新的就业机会和广阔的劳动力市场，同时也要求从事跨国经营的人员掌握国际经济运行的规则，了解当地的政治、经济和文化，这就要求高等教育的课程和办学模式趋同，也要求各政府和机构之间加强协调与合作，以保证学术和专业资格的流通和相互认可；再次，随着科技革命的进一步发展，国际分工规模的不断扩大，程度的不断加深，世界产业结构也发生了相应的变化，许多新兴产业兴起，如第三产业等。产业结构的变化影响着社会人才需求结构的变化，这就需要高等教育体制结构做出相应的调整以适应经济全球化发展的需要。最后，经济全球化使得高等教育的传统功能特征得到凸显，并被赋予了新的内涵，高等教育要有国际化的发展理念才能更好地适应时代的发展。德国同世界其他国家一样，要面对经济全球化所带来的高等教育改革的挑战和机遇。

（二）欧洲高等教育一体化是德国高等教育国际化改革的推动力量

欧洲高等教育一体化是伴随着欧洲一体化而产生的，欧洲一体化进程开始于第二次世界大战以后的经济贸易领域，随后不断拓展文化、教育等诸多领域。欧盟的成立使欧洲各国的政治、经济、文化、教育的交流更加频繁密切。由于德国的历史、地缘政治等因素，欧盟政策成为德国外交政策的支柱。无论是在欧洲一体化发展方面，还是在欧洲高等教育领域，德国都扮演着积极的倡导者和实践者。

1988 年 5 月 25 日，在庆祝巴黎大学建校 800 周年时，德意英法四国签署了《索邦宣言》，宣布各国将消除在学生和研究人员流动方面的障碍，加强大学间的合作，实现证书文凭的相互认可。1996 年 6 月 19 日，29 个欧洲国家签署了《博洛尼亚宣言》，明确提出要在 21 世纪前十年建立“欧洲高等教育区”的发展目标。作为《索邦宣言》的主要发起者及《博洛尼亚宣言》的主要成员国的德国，在不断深化高等教育体制改革的同时，积极推动欧盟各国在教学与科研领域的交流与合作。

（三）高等教育已不适应社会发展的要求及国际化改革的潮流

德国高等教育体系中没有设置学士文凭，大学的第一个文凭即为硕士，所需时间平均长达 6 年，而法国的高等教育是学士学习 3 年，继续攻读硕士还需 1 年。随着全球化的进程以美英高等教育体制为代表的教育模式在国际上逐渐凸显出其实用高效的优点。该体制将大学的整个学习过程分为学士、硕士和博士 3 个阶段，学生可以根据自身的能力和实际需要灵活自由地进行选择。而以“硕—博”两阶段培养模式为主体的德国，相比之下则暴露出在学年限过长，滞留学校学生多等缺点，人为地拉大了培养与就业时间上的距离，在学年限过长日益加重了高校的负担，也不利于社会对人才的需求，学生在国际市场上处于劣势。加之由于学制与国际惯例不相兼容，使得德国的学位授予体制难以被其他国家高校认可，给学分、学历的换算带来了诸多不便，这也削弱了德国高等教育的国际吸引力，使德国高校的国际竞争力受到影响。这些问题让德国认识到，教育科研的国际化在全球化和欧洲一体化背景下的重大意义。

二、德国高等教育国际化的政策措施

（一）积极开展国际交流与合作

1. 大力发展国际合作项目

为了提高高等教育的国际竞争力，德国政府和各高校都十分注重与世界各国的合作。2000 年德国联邦教育与研究部出资 1000 万欧元，由德意志学术交流中心（DAAD）实施第一期“德国海外教育项目（German Study Programs Aboard）”计划，2004 年又实施了第二期“海外教育项目”。截止到 2004 年，德国高等院校开展的国际合作项目共计 1.68 万项，其合作伙伴涉及世界上 46 个国家和地区，遍布世界各大洲。其中，德国与我国高校的各种合作项目就达 638 项。同时，德国大力发展跨国高等教育，德国已经与世界多个国家建立起了合作办学关系。我国与德国合作办学的高校就有同济大学、西北大学等著名学府。

2. 大力实施跨国远程教育项目

近年来，德国高校和培训机构在国外积极寻求发展机会，建设国际远程大学，让亚非拉等地的学生前往就读。德国的远程大学哈根函授综合大学在德国以外有近五千名学生，并在中、东欧的十个国家建立 60 多个学习中心。

3. 推进“走出去，引进来”的国际交流项目

在进行组织机构间的国际交流与合作的同时，德国也十分重视人员间的国际交流。在实施“博洛尼亚宣言”确立的欧洲学分互认系统以后，德国学生与欧洲高校的交流变得活跃。联邦政府通过的“培训资助改革法案”使学生在德国度过两学期之后，

到国外学习一段时间甚至完成学业，仍然可以享受联邦培训资助。鼓励德国学生走出去，这使德国的国外求学人数大大增加。2005年，德国在国外的留学生达758万；2008年德国联邦教研部与德国学术交流中心再次共同发出“大学生要走出去，到国外去留学”的倡议，截止到2008年，德国大约30%的高校毕业生有在国外长期学习或实习的经历。

在积极推进“走出去”的同时，德国也积极实施“引进来”战略。为了能够吸引国外优秀学生，德国不断调整外国留学生政策。2005年，德国大学校长联席会议通过了关于外国学生德语考核的新规定，拟放宽对外国学生的德语要求。德国新移民法还改善外国学生的条件，放宽外国学生打工限制，并为毕业生就业创造机会。外交部每年还从对外文化经费中拨款设立2万马克的年度奖，奖励留学生服务工作出色的机构和个人。德国联邦统计局公布的统计数据，2013年，吸引外国留学生25万人，并希望到2020年增加到35万。

4. 寻求与跨国企业的合作，实施商业性质的教育服务

以德国国际大学为代表的德国高等院校，为了突出“为现代信息技术社会服务”的办学宗旨，积极与阿尔卡特、微软、西门子等企业合作，并获得这些企业经费、技术和人力上的支持。由于这些经费的使用没有限制，十分灵活，所以非常有意义。同时，德国经济界和德国学术交流中心之间合作的范例是1999年2月达成的德国学术交流中心西门子奖学金项目，慕尼黑西门子有限公司提供了项目全部经费400万马克中的270万，这一亚洲项目的对象是挑选80多名从选定的中国、印度、印尼、韩国、泰国以及中国的港台地区顶尖大学的工科大学生，目标是资助他们在德国高校完成为期两年的国际专业硕士阶段的学习。

（二）专业课程国际化开发，重视高等教育质量

1. 专业课程国际化

德国联邦教研部从1997年开始自主德国高校实施“国际课程计划”。这些课程主要集中在经济、科学、工程、文化和社会科学等领域，包括学士和硕士两个层次，教学使用两种以上语言（第一学期使用英语），并要求学生在国外学习一段时间。由于这些课程适应国际学生的需要，其学生接近一半是留学生。在国家的大力支持下，德国国际课程迅速发展。同时德国也十分重视在海外合作办学的专业建设。至2009年，德国大约投入了8 000万欧元用于国际课程建设。

2. 提高教育质量，加强学以致用

高校教学强调实践和实习，本科项目一般有半年到一年的实习阶段，并且和工商业界联合紧密。很多项目的合作伙伴包括德国甚至外国的公司，如新加坡德国科技学院的工商业界赞助方就有拜耳、巴斯夫、西门子、德国央行等企业，泰德工程研究生院有德—泰工商总会以及西门子、拜尔、ABB、宝马、戴姆勒克莱斯勒、费斯托等三十余家德国和泰国企业伙伴和工商业界的伙伴关系，对教学、实习、学生就业无疑都有至关重要的作用。

3. 加强高等教育质量监督

为保证高等教育的质量，德国高等教育结构相关条款对高等教育质量做出了明确规定，各州政府也有监督和评价高等教育质量的相关条例。而且，德国高校专业设置有一套完善的认证体系，整个认证过程包括选择认证机构进行认证、学校自评、专家组进校实地考查、认证机构发布评估报告、做出评估决定等环节，并且每过五年还必须重新认证。在这严密的认证体系下，德国高校设立任何一个国际专业都经过充分准备，系统论证。而且，每五年德国高校还必须进行教学评估，所有的评估过程由专业机构完

成，其评估内容涉及教学条件、 教学内容、师资队伍、就业机会、专业特色等多个方面的内容。也正是有了良好的质量保证，德国新设立的国际专业及国际课程才赢得了外国留学生的青睐。

三、德国高等教育国际化对中国的启示

在经济全球化的背景下，德国高等教育国际化为现代很多国家提供了一个模板，在很多方面可以为我国推进高等教育国际化提供借鉴。

（一）树立高等教育国际化的理念和目标

更新陈旧传统的思想观念，是我国加快高等教育国际化的前提。高等教育国际化，如同经济全球化一样，是不可逆转的世界潮流，我们必须以积极主动的态度迎接适应它。要创办具有世界先进水平的，能培养和造就高素质创造型人才的一流大学，就要以各种方式时刻关注国内外高等教育发展的最新动态，在加大资金投入力度，改善教学科研环境与设施的同时，注重建立和开发国际教育交流资源，积极引进现行的教育管理方法和新的观念，及时提出并树立高等教育国际化的战略思想。

高等教育国际化的一个重要目标就是努力培养适应经济全球化、信息全球化、有国际意识、国际交往和国际竞争能力的人才。1998年颁布的《中华人民共和国高等教育法》中，明确提出了“培养具有创新精神和实践能力的高级专门人才，发展科学技术文化，促进社会主义现代化建设”，“国家鼓励和支持高等教育事业的国际交流与合作”，这些都是为了适应教育国际化而制定的。借鉴德国的经验，在培养目标上应该明确以下几点：培养学生具有国际观念和国际意识，树立向全球开放的观念；培养学生具有国际交

往能力，尊重外国的风俗和宗教信仰，维护中国的民族尊严和法律权威；培养学生至少熟练地掌握一门外语。

（二）积极拓展国际市场，加强国际交流与合作

德国海外办学项目为德国大学的国际化开辟了新的领域，并给它们提供了在国际教育市场试办经营型、创业型课程的机会。从实际效果来看，这些项目吸引的学生人数持续增加，增强了德国高校的声誉，扩展了其国际化维度，发现了新的合作伙伴，招收了一批年轻的学者和研究人员。我国应该像德国一样推动本国与国际间的交流与合作，放宽高校国际间合作的条件，创建我国高校与世界名校的合作办学平台。国内高校应积极探索与国外著名研究机构和大学合作培养大学生、联合开办课程班等办学模式，推进自身国际化。而对于具备到海外设立教育分支机构办学能力的高校或机构，政府应给予大力支持和鼓励，让中国走向世界，让世界了解中国。同时，要充分利用外国对全球开放的高等教育资源，努力为教师创造国外进修学习和访问考察的机会，大力支持教师与国外高校建立广泛的科研与教学合作项目；进一步推进国际交换留学生的工作，让我国大学生获得更多的海外留学机会，培养国际型人才。

（三）加大教育投资力度，建立国际化课程

据德国教育统计资料显示，为推动本国高等教育国际化，推动国际课程的开发和发展工作，提升德国在国际高等教育市场上的吸引力，2010 年，德国教育投资共计 8 450 亿美元，占 GDP 的比重为 6.8%，其中高等教育为 3.1%。相比之下，中国政府对高等教育的投入力度就显得十分不足。如果没有足够的资金支持，高质量的教育和优良的教育环境是无法得以实现的。因此我国应当加大高等教育投资力度，使有实力的高校大力开发国际课程，

增加我国高等教育在国际市场上的吸引力，并大力推进双语教学工作以适应当前国际人才市场的需要。

长期以来，德国在致力于国际课程开发的工作的同时，始终重视对外国留学生的语言培训工作。我国高校也应重视对外国留学生的中文培训工作，这样不但便于留学生在华的学习和工作，也为留学生了解中华文化、宣传中国文化创造了条件，这对于推进我国高等教育国际化是有积极意义的。

（四）大力发展留学生教育

留学生教育及其发展规模是衡量一个国家高等教育国际化程度的重要指标，也是该国高等教育的国际竞争力的体现。随着中国高等教育国际交流的日益广泛和深入，近年来，来华留学生数量大幅度增加，年均增长速度超过 30%。据教育部统计数据显示，2010 年共有来自 190 个国家和地区的近 25 万各类来华留学人员，分布在 31 个省、自治区、直辖市的 610 所高等院校、科研院所和其他教学机构中学习。但与发达国家相比，我国高等院校接收外国留学生的人数仍然是很低的，如表 6-1 所示。

表 6-1　世界名校与中国名校国际留学生比例对照表（2010 年）

主要名校	研究生数	留学生数	留学生所占比例（%）
哈佛大学	12 035	2 570	21.35
麻省理工大学	7 854	2 412	30.71
牛津大学	3 701	1 521	41.10
东京大学	6 610	1 600	24.21
北京大学	9 432	295	3.13
清华大学	9 132	621	6.80
南京大学	4 520	129	2.87

资料来源：中国留学网。

为此，要推进高等教育国际化，中国高校应主动走向国际市场，努力开拓海外留学市场。为吸引更多的留学生来华就读，我国高校可提高奖学金比例，鉴于我国经济基础相对薄弱的现实，我国高校增加奖学金的方式可依据国际惯例，即在提高学生留学学费的基础上相应增加。还要进行双语教学以增加课程的吸引力。同时，我们还应该通过国际教育展、媒体、广告或设立派驻机构等方式加强中国高校的宣传和推广工作。

（五）教育与实践相结合，实施商业性质的教育服务

德国高等院校和工商业界联合非常紧密，和很多德国甚至别国的公司有着合作伙伴关系。中国国际化高校也应该和中国企业以及在华外国企业建立起合作伙伴关系。通过与企业的合作，对于高等院校来讲，不仅能够掌握人才和技术的社会需求的最新动态，也能从企业获得科研经费赞助，同时还能够为学生提供实习实践之地，做到学以致用，理论实践结合，增加就业机会。

总之，德国高等教育国际化积累了许多成功的经验，通过学习和借鉴，可以调整完善我国国际合作教育政策，推进国际教育交流与合作，积极发展留学生教育，对我国高等教育国际化进程有着积极的意义。

第二节　美国高等教育国际化办学

一、高等教育国际化的内涵与意义

（一）高等教育国际化办学的内涵

对于高等教育国际化的内涵，学者们基于不同的视角给出了不同的定义。日本学者喜多村和之先生提出了高等教育国际化的三个指标，即通用性、交流性、开放性。汉斯·迪·威特认为高等教育国际化就是把国际化的观点融入高等教育机构的教学、研究和服务功能中的过程（Hans de Wit，1995）。上海师范大学教授、博士生导师杨德广认为，“所谓高等教育国际化，就是加强国际高等教育的交流与合作；积极向各国开放国内教育市场，并充分利用国际教育市场，在教育内容、教育方法上要适应国际交往和发展的需要；要培养有国际意识、国际交往能力、国际竞争能力的人才”（赵唯，2013）。英国诺丁汉大学校长杨福家院士认为高等教育国际化就是要培养融通东西方文化的一流人才，在经济全球化中更好地为各自国家的利益服务。联合国教科文组织所属的国际大学联合会给出的定义是：“高等教育国际化是把跨国界和跨文化的观点和氛围与大学的教学、科研和社会服务等主要功能相结合的过程，是一个包罗万象的变化过程，既有学校内部的变化，又有学校外部的变化；既有自下而上的，又有自上而下的；还有学校自身的政策导向变化。”综上所述，虽然高等教育国际化的内涵还没有一个普遍统一的界定，但却有许多的共识存在。笔者认为，高等教育国际化是一个不断变化发展的过程和趋势，其中，每个国家的高等教育基于本国，面向世界，不断吸收外国的先进的教育思想、文化成果的同时，结合本国的优秀文化精髓，达到共同进步、共同提升，为应对未来世界发展的挑战而培养人才，积蓄力量。

（二）美国推荐国际化办学的原因

相比较于其他的高等教育国际化形式，国际化办学是最为直接和直观的形式。美国推进高等教育国际化办学有以下原因。

（1）美国高等教育国际化办学可以为美国带来巨大的经济效益。通过在海外设立分校或与海外机构合作，美国可以在输出自身师资、课程和技术的同时获得财富。例如，当阿联酋一位投资人向纽约大学建议在阿联酋首都阿布扎比开设一家分校时，纽约大学收到了 500 万美元“诚意金”。此外，阿布扎比政府承诺，纽约校区因这一项目受到的任何损失，将由阿布扎比政府给予相应补偿。

（2）开展国际化办学有利于更直接地传播美国的思想文化和价值观念。美国人具有强烈的命运感、特殊的使命感和上帝的选民感。自由主义、天赋使命、强烈的意识形态等是美国思想文化的主要特征。这种“天定命运”的神话根深蒂固于美国文化之中，在文化传统中有深远的影响，这种思想是美国文化与教育国际化的动力和精神支柱。美国人这种天赋使命心态使他们认为美国是未来社会的理想模式，美国有责任对外传播其价值观（靳希斌，2005）。

（3）开展国际化办学有利于美国本土的学生更好地适应全球

化的世界，让师资队伍走在学科发展的前沿。由于许多美国学生对国外的事务漠不关心，或知之甚少，因此一些教育界人士认为，让有在海外教书经历的教授们给他们上课，或者让他们去海外学习，更多地了解外面的世界，对他们来说会是一件大好事。

（4）美国高等教育国际化办学巩固了美国大学的地位，扩大了它的优势。美国通过国际化办学将优秀的师资和课程内容传播到不发达地区，非常有利于其大学知名度的提升，巩固其高等教育的领袖地位。

（5）美国国际化办学的开展有利于促进世界教育的平衡发展。在美国输出自己教育模式的同时，极大地促进了不发达地区的教育发展水平。

基于美国开展高等教育国际化办学有如此多的有利之处，美国不断加大力度促进其国际化办学水平。

二、美国高等教育国际化中的人员流动

（一）学生的国际流动

学生的国际流动包括输出和输入两种，输出即美国的学生到国外其他国家留学；输入即世界各国的学生到美国留学。这种留学生输出与输入的交替不仅能够产生巨大的经济效益，更能够促进跨文化的碰撞与融合，从而有利于开展国际化的课程研讨，提升国际教学的高度，培养国际化的人才。美国作为高等教育国际化程度最高的国家之一，拥有世界上三分之一的留学生。2012 年有超过 80 万国际学生就读于美国的学院和大学。与 2011 年相比，留学生增加 5.5 万人，即增加了 7%（如表 6-2 所示）。

表 6-2　2005～2012 年美国接收的外国留学生人数

学年	国际学生总数
2005～2006	564 766
2006～2007	582 984
2007～2008	623 805
2008～2009	671 616
2009～2010	690 923
2010～2011	723 277
2011～2012	764 495

数据来源：美国国家教育中心（Data from the National Center for Education Statistics）。

此外，美国在积极接收外国留学生的同时，也大力鼓励本国留学生去外国留学，因为海外留学既是美国宣传其思想文化的重要途径，又是美国学生了解世界的机会。据 IIE2003 年调查显示，美国大学生认为海外学习是他们获得高等教育经验的一个关键组成部分，因此更多的美国学生为成为具有“全球意识”的人和“全球交往能力”的人而纷纷参加海外学习或实习。《Open Doors Report 2003》的统计资料显示，美国是世界上最大的留学生派遣国，去海外学习的总人数为 174 629 人。此后外派留学生人数不断上涨，表 6-3 所示是 2005 年到 2011 年美国外派出国的留学生人数。

表 6-3　2005～2011 美国外派出国的留学生人数

学年	外派留学生人数
2005～2006	223 534
2006～2007	241 791
2007～2008	262 416
2008～2009	260 327
2009～2010	270 604
2010～2011	273 996

数据来源：美国国家教育中心（Data from the National Center for Education Statistics）。

（二）教师与访问学者的国际交流

除大规模的留学生交流，美国之所以能够走在高等教育国际化前沿的另一个原因就是其大规模的教师与访问学者的国际交流活动。美国政府、教育机构、民间社会团体为促进其高等教育的发展，不惜提供各种便利条件吸引世界知名的教师与访问学者到美国进行访学、交流。与此同时，为积极传播美国的思想意识和价值观念，促进世界其他地区教育水平的发展，美国也积极派遣学者到世界其他地方从事研究、参加学术会议。例如，由美国国务院提供赞助的公民教育培训与交流计划“教育合作伙伴”项目（Partners in Education）为美国和欧亚教师、学校管理者等人员而设立。此外，为促进东南欧和欧亚地区低级教师的课程发展与教学方法的专业计划——“初级教师发展计划”（Junior Faculty Development Program）也极大地促进了美国与世界其他国家教师与访问学者的国际交流。通过这些项目以及最有名的富布莱特计划，美国高校不仅加强了与国际学术界的联系，而且也取得了实质性的收益，如经济收益等。

三、美国高等教育的课程国际化

高等教育国际化的发展需要从教育思想、教育内容、教育手段和教育管理等方面实现根本性的变革，而课程国际化即是其主要途径之一。对于课程国际化的内涵，国外研究学者认为，课程国际化包括了外语训练、国际区域研究学科的发展过程和“学科普遍化”即学科的全球适应性的推广与验证过程。根据经济与合作发展组织（Organization for Economic Co-operation and Development，OECD）1996年的定义，课程国际化是指以课程内容和形式的国际化为导向、以学生能够胜任在国际化和多元文化环境中的专业化、社会性工作为目标，为国内和国际学生对课程进行专门的设计（钱小龙、汪霞，2012）。对于课程国际化目前至少有三种不同的观点：第一指在现有的课程设计中增加国际课程，如世界历史、世界经济、东方文明、非洲文化、欧洲法律等。第二是将国际化内容融入课程，使课程内容具有国际导向，以此发展学生的国际意识，培养学生在国际化和多元化的社会工作环境下生存的能力。第三是指将国际因素整合到课程及其实施中，前者指国际课程的开设、课程的国际内容及资料，后者指教学的方法和手段、学生群体、课程的时间和地点等（汪霞，2010）。总之，高等教育课程国际化是为应对经济全球化、培养面向世界的全球性人才而采取的必要措施，因为具有世界视角的人才培养必须要以融入了国际化元素的课程为基石。

四、高等教育的国际化办学

将各种高等教育国际化的形式相比较，不难发现，开展国际化办学不失为一种能较快促进学校、地区甚至一个国家高等教育国际化的最直接的形式。对于输入国来说，其最直观的便利之处即是可以直接复制发达地区或国家的教育模式，对于输出国来说则可以在最短的时间内建立起国际化教学最基本的硬件条件。1994 年世界贸易组织通过《服务贸易总协定》，这份具有国际法地位的文件正式将教育纳入“服务贸易”的范畴，确立了高等教育国际化的国际服务贸易性质，并使之成为世界通行的 13 种服务贸易之一。包括美国、加拿大、澳大利亚、日本、中国和所有欧共体成员在内的 44 个国家在协定签署时承诺，努力在教育服务领域中降低贸易壁垒，以某一种或者某几种方式，开放某个或者数个教育的分支领域（任巧珍，2005）。

（一）国际化办学的形式

美国的高等教育国际化之所以如此发达是与其不断推行的国际化办学政策息息相关的。美国非常重视国际化办学。这里需要表明的是，美国最初的高等教育发源于欧洲，是在模仿欧洲教育模式的基础上发展起来的。然而，随后随着美国社会的快速发展，其逐渐形成了有自身特色的高等教育发展模式，并引领世界高等教育的发展。早在20世纪60年代初，美国的许多大学就纷纷通过在海外设立分校向大学国际化方向发展。美国甚至颁布了《对非美国本土教育项目评价原则》来支持境外开办分校与合作项目。“无国界高等教育观察组织”是关注海外办学的主要机构之一。其最新统计数据显示，海外办学的输出和输入国目前仍相对集中，但正在向更大的范围扩展。在全球162所高校的海外分校中，78所由美国高校开设，占总数的48%。

早期国际化办学主要有三种形式，一是直接建立海外分校，招收海外学生。如美国纽约大学致力于打造全球性大学，在世界各地积极建立分校。二是通过与国外的学校、教育机构、企业、政府等合作办学，分摊教育设施、场地、师资等的费用。如2011年美国加州伯克利大学与中国机构开展系统性合作，在上海张江高科技园区建设校园；除此之外，美国的大型跨国公司也在国外建立合作机构，如2014年美国EcoMotors公司（亿科动力）与湖南大学先进动力总成技术中心合作成立了联合研究中心。三是不同国家的两所学校进行衔接式教育，互相提供彼此的课程与师资，共同培养双方的学生，或者进行特许教育，一国学校特许另一国学校讲授自己学校的课程。如我们通常在提到高等教育时所说的“2+2”、“3+1”、“1+2+1”模式等都属于这种形式的合作办学。然而这三种国际化办学的形式各有利弊。

第一种形式投资较大，门槛较高，在海外建立分校需要输入地政府的积极配合与支持，同时也需要了解当地的民族文化，生活水平，人口特征等。

第二种形式相比较第一种，进入门槛较低，且投资较少，但输出国可能与输入国之间存在价值观念上的不同从而不利于双方达成一致。

第三种形式投资成本低，缺点是不利于校园国际化环境的建立，因为这种衔接式的教育并没有从学生主体方面达到教育国际化的水平，正如来自英国赫特福德大学的中国首席代表王永龙博士在“2004 中外合作办学国际研讨会”上所提到的那样，国际化办学不仅仅是邀请许多国家的大学（如美国、加拿大、澳大利亚、德国、法国、日本等）加盟国际学院达到“国际化”的目的，更是吸引周边国家的留学生使国际学院真正具有国际化的特征。

随着科学技术的发展，互联网的交互性、全球性、高效性、低成本性、便捷性为当今高等教育国际化提供了更加现代化的形式。美国凭借着其雄厚的网络技术基础，以及其信息化程度在全球领先地位的不断巩固与发展，极大地促进了其高等教育国际化水平。美国史密森里安国立自然博物馆、纽约国立图书馆、哥伦比亚大学、英国伦敦大学经济学院、剑桥大学出版社全球六大教育机构联合建网提供综合网上课程以吸收更多的人接受教育。2011 年美国国会图书馆发起打造世界数字图书馆的运动，把世界各国国家图书馆的资料转化成数字版，这项国际文化交流运动促使全球文化对话，同时促进了高等教育国际化发展。由此可见，信息社会信息网络的延伸促进了当代世界高等教育理念的传播，加速了高等教育国际化发展（王俊烽，2012）。

（二）美国高等教育国际化办学的现状

传统意义上的跨国教育合作项目多为美国大学在海外开设课

程，与当地大学建立研究伙伴关系，进行人员互访活动等。如今，开设海外分校，使之达到与美国校区同等教学水平，学生可获得同等学历，这样的合作形式更受欢迎，但同时也带来诸多争议。一些美国议员担心这种海外扩张热潮会对美国本土教育带来负面影响。2007 年 7 月，众议院科学和技术委员会就大学全球化问题举行听证会。加利福尼亚州议员达纳·罗拉巴克尔认为美国大学在海外开设分校应该谨慎。而众议院科学和技术委员会科研教育分委会主席布赖恩则认为，如果美国大学不这么做，其他国家的大学也会这么做，美国的大学应该积极参与其中。美国各个高校的校长们关注的问题更为实际。宾夕法尼亚大学校长艾米·古特曼担心美国难以在海外分校提供与美国母校同等的优质教育，这意味着美国海外分校要“稀释”母校的师资力量。尽管争议存在，笔者仍然认为高等教育国家化办学是美国实现高等教育国际化的最有效途径之一。

前面已经提到过在全球 162 所高校的海外分校中，78 所由美国高校开设，占总数的 48%。然而由于美国近年来适龄大学生人口不断减少，生源竞争日益激烈，为继续稳定自己在高等教育中的世界领先地位，美国不得不紧紧抓住亚洲、中东等地区的新兴国际办学输入市场。同时，美国在国际化办学中的课程设置比较单一，多集中在经济类和科技类课程，如 MBA 课程等，却忽视了文学课程的推广。再者，在取得国际化办学成功的同时，美国高等教育国际化办学也遇到了各种的挫折与失败。例如，在美国大学热衷建分校的同时，却有多数分校“水土不服”，其原因之一是美国的大学过于关注经济收益而忽视了对输入国市场的调查，分校所开设的课程并没有吸引到当地学生从而无法达到财政目标；原因之二是美国对输入国当地的文化、语言和社会规范等不了解，在一个全新的环境中复制移植既定的模式从而导致国际化办学的失败。

四、总结

随着全球化的不断发展，世界格局在发生改变，美国更深刻的认识到高等教育国际化在其国家战略定位中的重要意义，全球性的国际化时代已经到来，美国要想在这样的时代里保持其在世界上的领先地位，就必须为高等教育国际化做出积极的反应，而高等教育国际化办学作为美国高等教育国际化的重要途径之一所发挥的积极推动作用不容小觑。本书通过对美国高等教育国际化办学相关内容的分析，我们可以总结为美国应在努力统一国际化办学思想的同时，发挥其科技大国的优势，积极开创更新颖有效的办学模式，如形成系统的互联网虚拟办学模式等。与此同时，美国在开展国际化办学时应当用长远全面的眼光看待，杜绝过分关注自身的经济效益，努力将自身的优势与输入国的文化相结合，为培养全球性的国际化人才，应对全球挑战贡献力量。

第三节　新加坡高等教育国际化办学

在过去几个世纪的持续发展中，高等教育已充分证实了其在适应、改变和促使社会变革和进步方面的能力和稳定性。由于这种变革的范围之广和步伐之快，当今社会已日益成为一个以知识为基础的社会。高等教育和研究已成为国家、社会和个人在文化、社会经济发展的有机组成部分。然而，高等教育自身面临的严峻挑战和其自身的使命也要求它推动这种激烈的与新的变革。新加坡作为亚洲的发达国家代表，在20世纪90年代响应国家国际化发展战略，开始实行高等教育国际化办学，利用国际人才和资源，大力发展高等教育，使新加坡逐步成为国际学术交流中心。

一、新加坡高等教育发展背景

（一）新加坡发展概况

新加坡共和国是坐落于东南亚的一个岛国，自1965年独立后，新加坡开始逐步摆脱了仅仅依靠转口贸易维持生计的局面，逐渐发展成为新兴的发达国家，并因此被誉为“亚洲四小龙”之一。作为全球富裕的国家之一，其经济模式被称作为“国家资本主义”，以稳定的政局、廉洁高效的政府而著称。

新加坡是亚洲重要的金融、服务和航运中心。根据2014年最新全球金融中心指数（GFCI）排名报告，新加坡是继纽约、伦敦、香港之后的第四大国际金融中心。工业是新加坡经济发展的主导力量，裕廊工业区是亚洲最早成立的开发区之一。新加坡是东南亚国家联盟（ASEAN）10个成员国之一，也是世界贸易组织（WTO）以及亚洲太平洋经济合作组织（APEC）成员经济体之一。

（二）历史文化因素对高等教育办学的影响

在历史上，新加坡曾被英国和日本殖民，1945年迈向自治后，经过全民投票，新加坡于1963年加入马来西亚联邦。合并后，由于和中央政府在治国方针和政治上的不同看法导致了一系列冲突，新加坡被逐出马来西亚，被迫独立。

新加坡独立后，开始谋求工业及经济发展。1961年设立了经济发展局致力于实行国家经济发展方针，重视制造业，裕廊工业区正式成立，并建立轻工业基地。为了吸引外资，新加坡政府决定给予外国企业优惠。同年，经济发展局重组，裕廊镇管理局以及新加坡发展银行也在该年成立。工业化之迅速使得新加坡的制造业在十年内成为世界主要电子产品出口国。虽然新加坡在国内政治上的自由空间逐渐被压制，经济上却取得高速发展，很快成为东南亚重要的金融和转口贸易中心，成为当时的“亚洲四小龙”之一。与此同时，新加坡人民的生活水平也得到大幅度提高，住房、教育、交通等问题都得到解决。

新加坡是一个多种族、多宗教、多语言多文化的国家，促进种族和谐是政府治国的核心政策。新加坡人主要是由近一百多年来从欧亚地区迁移而来的移民及其后裔组成的。其移民社会的特性加上殖民统治的历史和地理位置的影响，使得新加坡呈现出多元文化的社会特色。

（三）新加坡高等教育开始国际化背景

1998年，为了促进全球范围内高等教育改革的深化过程，联合国教科文组织召开了 21 世纪的高等教育：视野与行动国际会议。在会议的筹备过程中，联合国教科文组织于 1995 年发表了“高等教育发展与变革的政策性文件”，深信教育是人权、民主、可持续发展与和平的基本支柱，应是21世纪世界的第一优先；指出它的统一性和相互依赖的本质要求在各层次上和各种方式上采取综合手段使高等教育向所有的人终身开放。其途径还包括通过各部门之间的、特别是在中等和中等后教育之间的协调与合作；确信在这种背景中，在新世纪来临之际高等教育所面临的问题的解决途径将来自于对社会的展望，来自于赋予教育的总体使命，特别是高等教育的使命；强调各地高等教育体系必须提高其能力以适应各种不确定性的变化，改变和促使这种变革，突出社会需要和促进稳定；必须保持和实现科学的力量和创新性，以作为获得和保持高质量文化的基本前提条件；必须从终身的视角将学生置于这种关怀的中心位置，以便使他们全面熔入21世纪全球知识社会之中；考虑到高等教育急剧的变化，其质量和相关性的提高，面临主要挑战的应对，特别是资源危机等，这一切不仅需要政府和高等教育机构的强有力的参与，而且需要所有受益者，包括学生、他们的家庭、老师、社区、专业协会和公共舆论等全力参与。

新加坡为配合国家21世纪国际化发展战略，明确了高等教育国际化战略。新加坡高等教育体制主要分为：

1. 初级学院及中央学院

在完成普通教育文凭普通程度会考后，学生可申请进入初级学院，修读两年大学先修班课程或于中央学院修读三年大学先修班课程。初级学院必修两门科目，即英文理解与写作和母语，以及选择最多四门的“高级水准”科目。文科科目包括英国文学、经济、历史、地理、绘图和数学。理科学生可以选修物理、生物、化学、生化、数学、高数、经济及电脑科学。

在大学先修班课程结束时，学生参加新加坡剑桥普通教育文凭高级程度会考，所得成绩将决定他们是否有资格修读大学教育课程。

2. 理工学院教育

新加坡有四所理工学院：南洋理工学院、义安理工学院、新加坡理工学院及淡马锡理工学院，素以培训高质素的辅助专业人才而著称。

其教学特点是将课程与校园实习训练、海外或本地工商业实习以及研究与发展工作紧密结合起来，让有志于实务学科的学生能接受更广泛的训练，并打下稳固基础。考获普通程度和高级资格的学生及工艺专科学校毕业生皆可申请就读理工学院。课程多元化，从保健科学到商业科、工程与通讯，以至大众传播、产品与室内设计及电脑课程等，全都是强调实习实用的科目。理工学院的文凭更广受国际认可。

3. 大学教育

新加坡国立大学和南洋理工大学是新加坡著名的教育、研究及学术中心，学术水平与世界其他一流大学并驾齐驱。

新加坡国立大学是新加坡历史最悠久的大学学府，在教学和学术研究方面取得相当大的成就。国立大学本科分 9 个学院——绘测、建筑及地产学院、文学及社会科学院、商业行政学院、工程学院、法学院、理学院、医学院、牙医学院和电脑学院。国立大学的 7 个研究生院——文学及社会科学研究院、商科研究院、理科研究院、工程研究院、建筑环境研究院、医学研究院和牙医研究院。

南洋理工大学成立于 1991 年。它的前身是于 1981 年 8 月成立的南洋理工学院，当时南洋理工学院主要提供工程和科技方面的大专教育和研究设备。1991 年与国家教育学院合并，成为一所综合性的大学，提供多样化课程，并在国际上享有盛名。南洋理工大学所提供的学位课程，包括会计、商业、传播学、电脑科技、电子与电机工程、机构与生产工程、土木工程、艺术、科学、教育及体育教育等。

国立大学和南洋理工大学均采用学分制，一个学年有几个学期，以学分来计算学生的学业成绩。这一制度的灵活性，让学生能在保持出色成绩的同时，可以灵活地按个人需求汲取知识。这两所大学都享有国际声誉，并和国际著名的研究学府及新加坡工商界保持着紧密的联系。

二、新加坡高等教育国际化策略

（一）向发达国家借鉴经验和合作

为增强国际竞争力，新加坡还积极向发达国家高等教育机构借鉴经验，加强交流与合作。例如，美国麻省理工学院（MIT）组成新加坡—MIT联盟，除了成立分校培养博士、硕士之外，还成立实验室进行尖端的工程、电脑及材料学研究。约翰霍普金斯大学也在新加坡设立了分校与附属医院，开展医疗、尖端医学研究并培养博士、硕士。佐治亚理工和芝加哥大学商学院也在新加坡设立分校，培养理工人才与开设商业硕士课程。

此外，新加坡不少优质的私立学校引进英、美、澳大利亚等大学的双联课程，在新加坡当地学习，可考获联办大学的本科或大专文凭。

（二）政府支持

政府是高等教育投资的主体。首先，新加坡高等经费主要来源于该国的财政拨款。政府是高等教育投资主体取决于教育的公共产品属性。教育的公共产品属性表现为：接受教育可以使个人和社会同时受益，社会获得的益处往往远远大于个人获得的益处。所以，无论是发达国家还是发展中国家，无论个人从教育中获得的利益是多是少，政府都把教育看成公共事业，理应发挥投资主渠道的作用。新加坡政府提出跨世纪战略“确立了国家经济国际化发展战略”，同时明确了“高等教育国际化发展战略”，希望通过有效的措施吸引世界各地尤其是东南亚各国的留学生提高生源质量缓解高层次人才短缺问题，为吸引优秀的学生到新加坡大学就读新加坡政府和大学每年提供大量的奖学金和补贴。这些招生措施不但提高了生源质量，而且为新加坡储备了人才。对于研究生项目，新加坡政府和大学投入更高，例如，新加坡国立大学除了国家提供学生奖学金，学校还有自己的奖励措施。博士研究生在通过博士资格考试之后由国立大学校友会基金每月再多发放一定数量的新币。

（三）发展国际校友

新加坡重视国际校友会工作，帮助学校在全球范围内建立人脉资源，为国家招商引资，并且可以扩大学校筹资渠道，为学校引进各种资源。

（四）与中国的合作

中新关系超越了经济金融领域，在教育层面的合作也不断深化。2002 年，新加坡国立大学在上海复旦大学建立海外分校，帮助学生了解中国经济、社会和文化，并与清华大学、北京大学、上海交通大学、西安交通大学等十所高校签署了共同培养咨询通信人才的协议。在 2009 年主题为“高等教育新动力、社会变革和发展研究”的世界高等教育大会上，中国前任教育部长周济曾指出，“我们正处在一个国际交流日益频繁和日益重要的时代，充满生机与活力的各类全球性和区域性合作，为我们开展国际高等教育交流与合作开拓了更加广阔的空间”。他表示，希望教科文组织充分发挥不可替代的重要作用，进一步推动和加强国际教育交流与合作，促进高等教育更好地适应目前和未来人类可持续发展的需要。

三、成功经验和遇到的问题

（一）经验

新加坡自1965年独立以来，在经济方面飞速发展，逐渐发展成为新兴的发达国家，成为亚洲重要的金融、服务和航运中心，并因此被誉为“亚洲四小龙”之一。在环境方面更是享有“花园城市”的美誉，成为世界的典范。而如今，高等教育的国际化也在世界范围内享有盛誉。

（二）应注意的问题

新加坡高等教育国际化发展战略的实施中出现的问题及经验也应引起我们的重视。

高等教育国际化程度的提高，意味着人才在世界范围内的流动将更趋频繁，这也为人才的外流提供了便利条件。

在这种形势下，作为城市国家的新加坡如何保证它作为一个国家的凝聚力？如何吸引并留住最优秀的人才？这些都是新加坡政府所思考并要解决的重大社会问题。为此，政府首先转变了思想，接受了移民是一种世界性现象的事实，并将新加坡移民视为新加坡人在国外经济发展中的有重要价值的联系网络。但由于本地的专业和技术人才对于保持国家的国际竞争力而言是至关重要的，因而必须不断加强新加坡人的国家意识，尽量减少本国优秀人才的外流。为此，新加坡教育部于1997年开展了国民教育计划（NE，National Education），致力于灌输对国家的归属意识和责任感，使学生们能充分意识到并自觉承担起自己所肩负的对家庭、社会和国家的责任和使命，使高等教育培养的人才能真正有助于国家的发展与繁荣，以实现一个更美好的新加坡。

四、总结

（一）国际化和民族化

新加坡高等教育在走向国际化的同时，不忘结合自己本国的资源和优势，充分发挥所长。例如，由于新加坡环境优美，享有“花园城市”的美誉，每年吸引大量中外游客到来。当地的旅游业蓬勃发展，导致酒店与旅游管理专业在国内就业市场的需求潜力巨大。新加坡政府于2010年建成的两所超大规模的综合度假城，度假城带来70 000个相关专业的就业岗位及连带专业的200 000个就业岗位。

（二）人才外流到人才回流

与发达国家加强教育合作，培养高等教育人才可能带来的一个负面产物就是导致人才外流。尤其是，发展中国家（特别是非洲）和变革中的国家社会经济加速发展所需的高级专业人才继续流失。对此，国际合作计划必须采取一定策略，优先考虑短期的密集性项目，促使高级专家和研究人员返回到他们原来的国家，促使人才回流，通过合作项目，增强内在活力，减少离心力。在此方面，教科文组织在建立大学姊妹计划和成立教席方面的经验以及在承认高教文凭、学历和学位方面所制定的原则有着十分重要的意义。

五、对中国的启示

中国作为世界上人口最多的国家，庞大的人口数量决定了我国高等教育任重道远。同时，作为四大文明古国之一，中国五千多年的深厚文化底蕴为发展当代高等教育打下了坚实的基础。

当前，中国的高等教育国际化主要侧重在国际一流教育引入阶段。例如：香港中文大学在深圳设立分校；英国诺丁汉大学在宁波设立分校；上海纽约大学的成立。这些都为发展中国高等教育提供了良好的平台。随着中国经济的开放程度不断提高，很多中国家庭也趋向于让孩子接受国际化高等教育，到国外读大学。

在中国高等教育国际化输出方面较为明显的例子是中国与多个国家和地区的高等教育院校合作开设的孔子学院，对促进中国文化的传播起到了有力作用。但由于中国目前仍处于社会主义初级阶段，经济发展不平衡，高等教育领域也存在一些问题：诸如大学课程与社会实践相脱节,大学生就业压力大等问题尚未解决。发展的决定因素是人，人力资源是社会发展的最重要的资源。而教育是培育和发展人力资源的主要途径。我国要想实现由人口大国向人力资源大国的转变，必须充分发挥教育的重要作用。只有教育才能为未来社会提供良好的发展平台，强大的人力资源后盾和知识资本创新的基础。

第四节　加拿大高等教育国际化办学

在全球一体化的今天，高等教育的国际化已经是一种必然趋势。随着国际交往与合作的不断加强，国际间竞争，特别是以国际人才为主的竞争日益激烈，培养和发展具有国际视野和国际竞争力的人才对国家的战略发展至关重要。而要做到这一点，就必须要转变高等教育发展观念，重视高等教育与国际化接轨。

受历史、地理、政治等多方面因素的影响，加拿大的高等教育不仅继承了英国教育的严谨认真，延续了美式教育的弹性灵活，更是在长久的发展过程中形成了自身独特的教育特色。除此之外，加拿大还高度重视其高等教育的国际化发展。早在 1990 年，加拿大教育署在《没有国界和边界的教育》报告中，就要求国内各大学把国际化作为组织目标之一，并制定相关政策来推进和保证国际化进程。多年来，加拿大在高等教育国际化办学领域形成了独特特色，其高等教育管理模式对教学质量的监督和提高也有着积极的促进作用。尽管在国际化办学中也面临一些问题，但是对于我国的高等教育国际化发展来说，都是值得我们借鉴和学习的。

一、加拿大高等教育国际化办学特点

（一）倡导教学思想、理念的国际化

指导行动的是思想。对于加拿大高等教育国际化办学的发展来说，促进其进步的正是加拿大政府所大力倡导的国际化教学思想和理念。在当今国际环境中，随着全球化趋势的加强以及信息技术、互联网络的普及应用，国家间的教育，特别是高等教育的国际交流日益频繁，使得各国间的教育水平及人才水平差距暴露无疑。而这种水平差异也使得越来越多的国家逐渐意识到了走高等教育国际化办学道路的重要性和紧迫性。此外，随着各国交流距离的不断缩小，各国所培养及在国际市场上发展所需要的人才也不再局限于国内优秀人才，而是能够了解国际市场，具有国际知识和竞争能力的新型人才。加拿大政府就是认识到这一点的国家之一，所以其政府在1990年签署的政府报告中就已经要求国内各大学要把国际化作为自己的组织目标之一。在国际化的教学思想和理念的指引下，加拿大对其高等教育课程进行了国际化改革。因为在他们看来，只有帮助学生接触和学习不同国家和地区的文化和背景，使学生学会将自己放在国际环境下思考和解决问题，才能使学生具有更加国际化的知识储备和视野，从而培养出具有国际社交能力的竞争人才。

加拿大高等教育课程国际化主要有以下两个特点：①开设专门的国际教育课程，或是在已有的课程中增加一些国际方面的内容。如开设国际关系、欧洲法、国际事务管理、会计等国际专业的课程。加拿大卡尔加里大学（University of Calgary）就采取了一系列措施促进其教育课程的国际化。如通过安排学生国外实习、

学习等活动开拓学生的国际视野，丰富学生的国际经验；把国际关系研究或地区性研究作为选修专业，从而使得同学对于国际环境有更好的了解；为在校学生提供更多的与国外大学师生进行网上交流的机会，以加深同学对世界其他地区的认识和理解。②改变传统的“以教师为中心”，形成“以学生为中心”教学方式，并结合使用角色扮演、模拟练习等多种教学方法。由于很多学生尚未意识到具有国际化知识和视野的重要性，所以“以学生为中心”的教学方式能够通过增加学生在课堂教学中的参与度使学生亲身参与到国际化课程活动中，从而切实体会到具有国际意识的重要性。比如加拿大阿里森山大学（Mount Allison University）就通过为能够主动参与国际经历的课程并完成撰写分析报告等作业的学生提供学分来鼓励学生进行国际学习的主动性。此外，爱德华王子岛大学（University of Prince Edward Island）通过向学生提供关于全球议题的英语课程，向学生介绍最新的全球议题，并邀请来自世界各地的国际演说者为同学进行演讲，介绍各国实情来帮助学生提高作为全球公民的意识。

（二）实施双语教育

加拿大是一个双语国家，英语和法语都是其官方语言。尽管最初加拿大使用双语主要是受历史移民因素的影响，但是由加拿大法语区开创的“沉浸式教学法”的第二语言教学模式不仅在本国学生的语言培养上获得了巨大的成功，更是被许多国家所效仿和借鉴。虽然“沉浸式教学法”更侧重于培养中小学学生，但是在推进高等教育国际化的进程中，加拿大的众多大学及教育学家们都意识到掌握外语对于理解和认识他国文化及其形成国际化世界观的重要性。因为在国际交流中，语言是最基础，也最重要的媒介和方式之一，而了解多种语言的人才也必将会在国际市场上发挥着更强大的竞争力。因此，加拿大国内的许多大学都设置了多门语种课程或是通过将外语与专业课相结合的方式帮助学生培养外语的能力。比如加拿大的约克大学（York University）就是一所双语授课院校，在校学生可以自由选择英语或法语教授的同一课程。除此之外，近年来该大学还先后增加了汉语、日语、阿拉伯语以及9种欧洲语言供学生们学习。而安大略省的卡尔顿大学（Carleton University）由于本身是英语授课，所以鼓励本校法语掌握较好的学生到渥太华大学（Ottawa University）选修使用法语开设的专业课程，两校互相承认所派送学生的学分。而卡尔加里大学（University of Calgary）要求学校每个专业都必须向学生提供国际化活动，并且把外语作为专业必修课，以加强对学生的外语培养。

通过双语，甚至是多语的语言教学与专业课程相结合的方式，可以帮助学生在学习专业知识的同时，加深学生对外语的熟悉度，并且也有助于帮助学生了解世界多国文化和背景，从而养成多元化的知识背景和视角。

（三）开展多种形式的国际交流活动

加拿大高等教育国际化的另一大特色就是积极开展多种形式的国际交流活动。这些交流活动既包括国际学校之间的，也包括学校与企业和政府、社会组织之间的各项交流。因为在他们看来，具有国际学习或工作经验对于在激烈的国际竞争市场上获取一席之地至关重要。

为了促进高等教育的国际化办学，加拿大国内的众多大学与世界其他国家和地区的大学展开了多种学术交流活动。比如滑铁卢大学（University of Waterloo）为了促进其国际化，就多次选送学生到国外参加交流项目、合作科研或是学习旅行。此外，包括麦吉尔大学（McGill University）、加拿大女王大学（Queen's University）、滑铁卢大学（University of Waterloo）等众多加拿大名校都与世界其他地区的大学开展了暑期短期项目交流、“2+2”、“3+1”等多种形式的交流生留学项目。仅就中国而言，就与包括中国北大、复旦、中国人民大学、西安邮电大学等多所高校建立了交流合作关系。加拿大的卡尔加里大学（University of Calgary）还设立了国际中心行政机构和国际教育委员会，以促进和加强学校间的国际交流活动，并为这些活动的展开提供专业的咨询、桥梁及协调作用。

除此之外，加拿大高等教育国际化办学的发展也离不开政府及社会组织的支持和合作。加拿大大学与学院协会（The Association of Universities and Colleges of Canada，简称AUCC）、加拿大社区学院学会（The Association of Canadian Community Colleges，简称ACCC）以及加拿大国际开发署（Canadian International Development Agency，简称CIDA）等机构都在积极推动高等教育国际化进程中发挥着重要作用。在枫叶银行的资助下，加拿大还成立了“AUCC国际化优秀奖”以此表彰在高等教育国际化办学领域表现突出的大学。加拿大政府还为包括中国在内的多国学者设置了研究专项基金，以帮助外国学者与加拿大高等院校、科研机构建立最广泛的学术联系。

二、加拿大高等教育国际化办学的管理模式

（一）大学的自主性管理

加拿大大学自主性管理的具体表现之一就是各校具体的行政和教学事宜由学校自主决定和实施。一旦学校经过省政府机构批准建立后，学校的具体管理事宜就全部由学校自主负责，省政府无权进行干涉。另外，与中国不同的是，加拿大政府并没有设立

教育部，而是由各省负责省内的大学。由于各省学制不同，所以各校的录取条件也不尽相同。此外，由于加拿大也没有类似于中国高考这样的全国统一入学考试，所以省内各大学在招生方面也享有高度的自主性。在加拿大，各省的大学可以设立自己的录取标准，并且拥有独立自主招收的权利。加拿大大学自主性管理的另一表现就是学术上享有的自由。比如加拿大大学不仅可以自主招生，还可以自主设置专业、课程及学分，甚至是制定人事分配制度等。正是通过给予高校足够的自由和自主权，不仅可以充分调动高校办学的积极性，更能够使高校得以充分利用自身的资源和优势走最适合自己的人才选拔和培养道路。

（二）独特的高等教育质量保障体系

在推动加拿大高等教育国际化办学处于领先位置的发展过程中，除了国际化教学理念的指引及颇具特色的高等教育国际化办学特点的支撑外，还要归功于其独特的高等教育质量保障体系。高等教育的质量是发展高等教育的根本，加拿大所建立的一套较为完善的高等教育质量保障机制更是促使其高等教育不断进步的有力保证。

独具特色的加拿大高等教育质量保障体系主要有两部分组成：学校内部的质量保障机制以及外部的质量评价体系。

首先是内部质量保障机制。加拿大高校内部质量保障机制主要有三大特点。第一个就是完善的三级管理体制：校级领导主要负责把握学校的教育方向，负责院级的教学质量审核和监督；院级领导主要负责定期开展教学质量评估工作；而系级领导则负责具体教学计划的实施、监督，并对各系的教学质量负责。除了对各院系的教学开展定期评估外，加拿大各高校还会对各校领导的工作业绩进行评估。通过权责明确的层级校内评估体系，以及详尽的监督范围：从院校专业设置、教学目标的设立、教师课堂教学、学生成绩评价以及最终学位的授予，层层监控，不仅能够对高校的教学质量进行有效监督，督促和帮助学校及教师改进教学质量，更有助于培养合格的竞争人才目标的实现。

其次是外部质量保障机制。加拿大高等教育体系中的外部保障机制是对其内部质量保障机制的一种补充，同样也是其教学质量保障体系中不可缺少的一部分。并且这种外部监督主要是由相关政府机构、社会组织等来负责。

与美国、英国等国家不同的是，加拿大并没有一个类似于高等教育质量保证署（The Quality Assurance Agency for Higher Education，简称 QAA）的全国性教育评估体系，而是依靠各省或地区自行建立的省政府—协会—大学这样一套自上而下的质量保障体系来管理高校，保证并承认各省高校的教育质量。尽管各省高校在教学上享有很高的自主权，但为保证其教学质量，仍需接受省政府等外部机构的监督。比如安大略省政府就在 2000 年的时候出台了《中学后教育选择和优秀法案》，在该法案中该省就决定成高等教育质量评审委员会（The Post-secondary Education Quality Assessment Board，简称 PEQAB）对安大略省高等教育质量进行评估与监测。

除了各省所制定的各项高等教育监督政策外，加拿大高等教育外部质量保障机制的另一大特色就是来自外部社会的、非政府组织的质量监控。比如加拿大学位评估协会（The Association of Accrediting Agencies of Canada，简称 AAAC）、加拿大大学与学院协会（The Association of Universities and Colleges of Canada，简称 AUCC）——一个主要对涉及科研、信息服务等国际合作项目做出评估的社会组织、加拿大社区学院学会（The Association of Canadian Community Colleges，简称 ACCC）——一个实施会员制的社会评估和监督组织，即只有高校满足其会员资格标准和一系列具体的评价指标后才能成为该组织的一员。除了这些加拿大本国内成立的监督性组织外，为了加强和统一博士学位的标准，加拿大的麦吉尔大学（McGill University）和多伦多大学（University of Toronto）还与60多所美国高校组建了北美大学协会（Association of American University，简称AAU）旨在提升大学的学术研究和教育水平。此外，由加拿大主要时事杂志《麦克林斯》每年公布一次的加拿大大学年度排名以及英国知名报社《泰晤士高等教育特刊》每年公布一次的世界大学排名对于衡量加拿大各大高校的教学质量来说同样具有重要的监督和参考作用。

内部有各大高校完善详尽的自我教学质量保障机制的监督，外部有来自省政府、社会组织，甚至是国际传媒杂志的监督和关注，这一套较为完善的高等教育教学质量保障体系对于加拿大高等教育国家化办学的发展发挥着至关重要的监督和促进作用。

三、加拿大高等教育国际化办学对我国的启示

推动高等教育国际化办学已经成为越来越多的国家的共识，我国也应该顺应国际社会发展需求，改变高等教育的教育方式，大力培养具有国际化思维和视野的高端竞争人才。通过对加拿大高等教育国际化办学成功经验的研究，可以得到以下三点启示。

（一）完善教育制度，给予高校更高的自主权

加拿大高校管理的一大特色就是给予高校充分的自主管理权，省政府仅对高校的招生计划及学费标准进行宏观调控，大学在学校的行政管理以及教学工作上享有高度的自由。如此一来，通过适度放权的方式，不仅能够充分发挥高校办学的积极性，更是给高校提供了充分利用自身资源、发挥教学优势的良好机会。

多年来，我国政府和教育部门一直在坚持对高等院校的管理

体制进行改革，并且一直强调要“进一步扩大高等学校招生、专业设置等自主权”。目前，全国大约有70多所高校获准自主招生，先后建立了包括清华大学、北京大学等全国名校在内的“华约”、“北约”、“卓越”等自主招生联盟。并且自2002年起，北京大学还率先试行了“中学校长实名推荐制”。这些都是我国在扩大高校自主权上所做出的努力。

但是，当下我国的教育制度还是有待完善，高校办学自主权方面还是存在着一些问题。比如目前我国高校的管理模式仍是属于国家所有、政府办学，在学校管理上还是受到政府及相关机构的约束；高校内部行政管理代替学术管理；缺乏学术权力的物质保障等。要解决这些问题，就需要我国政府在进一步开放高校自主权的同时，处理好所有权与管理权分离的问题，给予学校适度信任与政策支持，同时加强对高校自主办学的引导和监督。

（二）打造中国高等教育国际化课程

培养国际化人才，高校的国际化学术氛围和环境至关重要。无论是国际知识和经验的积累，还是国际视野的形成都不是一朝一夕能够轻易实现的。所以对于我国高等教育的国际化发展来说，借鉴加拿大高校的成功办学经验，打造适应国际竞争需要及学校特色的高等教育，国际化课程起着关键作用。要想做到这一点，我们可以从以下三个方面向加拿大高校学习：①开设国际性课程。比如加拿大卡尔加里大学（University of Calgary）不仅要求每个专业都开设国际活动课，并且把国际关系研究或地区性研究作为选修专业。此外，大量开设国际关系、欧洲法、国际事务管理、会计等国际性专业课程对于培养学生的国际事务处理能力和国际化视野有着积极的促进作用。②积极开展国际交流项目合作。通过国际交流合作，不仅能够给高校发展带来机遇，更能够为学生提供宝贵的国际化学习和工作经验。亲身体验外国世界和环境对于学生国际化视野的开拓至关重要。③发展双语教育。双语教育是加拿大教育的一大特色。正是其高校对学生语言能力培养的重视，才使该国学生在外语上有着更大的竞争优势。所以，打造中国高等教育国际化课程，也应该重视学生外语能力的培养。

（三）健全我国高等教育质量监督体系

加拿大内外部相结合的完善的高等教育质量保障体系是其高质量教学水平的有力保证。所以，我国高等教育国际化的发展也需要一个完善的质量监督体系的保障。尽管我国政府部门相继出台了一系列政策以加强对高等教育工作的监督，但是与加拿大完善的监督体系相比，我国在社会组织及媒体监督领域还稍显不足。除了学校自身及政府机构的监督外，我们还缺乏类似加拿大学位评估协会或加拿大大学与学院协会这样的非政府监督组织。此外，来自加拿大主要时事杂志《麦克林斯》所公布的大学年度排名不仅对于衡量加拿大高校的教学质量来说具有重要的参考作用，排名本身更是相当于对高校教学表现的一次评估，对于提高高校教学质量也有着积极的激励作用。而这种影响力较大的媒体监督途径也是我国当下教学质量监督体系中所缺乏的。因此，为了促进我国高等教育的国际化发展，提高我国高等教育的教学质量，我们也应该向加拿大学习，从内外部两个方向出发，不断完善我国的高等教育质量监督体系。

当下，为了适应时代发展和竞争的需求，各国都把培养国际化新型人才当作教育发展的主要目标。为了实现这一目标，高等教育——作为人才培养的最基础，也是最重要的方式之一，就必须要随之转变方式，走国际化发展的道路。只有这样才能培养出真正适应国际发展需要的、具有国际化知识和视野的竞争人才。

作为在高等教育国际化办学领域处于遥遥领先地位的国家之一，加拿大的成功经验对我国的高等教育国际化发展具有重要的参考和指引作用。本书分析了加拿大高等教育国际化办学的三个主要特点及独特的管理模式，并对我国高等教育国际化发展的启示进行了总结。

最重要的是，尽管加拿大的高等教育国际化已经发展得相当出色，但是对于我国来说，盲目生搬硬套仍是不可取的。在发展我国的高等教育国际化时，还必须要密切结合我国的实际国情。只有从实际出发，才能摸索出一条适合我国高等教育国际化发展的道路。

第五节　英国高等教育国际化办学

英国是世界上高等教育最发达的国家之一，在与美国、澳大利亚、加拿大等国家的竞争中，其高等教育国际化很早就受到了英国政府的重视，它不仅把高等教育视为树立其在全球国际形象的有效、重要的途径，而且视其为该国进行全球战略的一个重要组成部分。因此，对于英国高等教育国际化的考察有利于更好地了解世界发达国家高等教育国际化的最新趋势，同时对我国高等教育国际化提供理论依据。

在国际化和高等教育方面已有大量的文献研究，特别是对于国际化的概念及定义。但这些研究是必要的，正如德·威特（De Wit）所指出的："如果国际化变成了可泛指所有一切国际化事物的词组，那么'国际化'是毫无意义的。"简·奈特（Jane Knight）对国际化的定义被英国高校的国际化政策文件所广泛引用，也被英国以外的高校所认可。她将国际化定义为"将国际的、跨文化的或全球性的东西融入高等教育的目的、高等教育的功能和提供高等教育的过程”。

一、英国高等教育国际化的动因

英国高等教育国际化是一个复杂的过程，其中的驱动既有高校自身的发展需求，也有在全球化的大背景下的经济发展需求。

（一）高校自身的发展需求

首先是学术因素。知识无国界，大学作为知识的殿堂，从它诞生起就天然具有开放品格。在人类活动日益全球化的今天，学生们渴望了解其他国家的愿望日益迫切，出国留学的人数因此也就越来越多。学者们渴望了解本学科国际上最新动态和最新成果，因此，出国与国外同行进行交流和合作也就变得越来越广泛。英国的高校历史悠久，高等教育学术水平在世界也堪称一流，在全球化的浪潮下，英国的高等教育需要不断的扩大国际教育市场，以加强其学术和高校在世界上的地位。同时，留学生能为英国高等教育带来诸多益处，如拓展知识基础、扩大研究领域、提高研究声望和丰富课程内容等。留学生既能拓宽本国学生和教师的文化事业，又可使他们在更加宽广的领域加强国际理解和感受多种文化的魅力。

（二）经济因素

20 世纪 80 年代以来，英国政府开始强调通过市场机制促进高等教育发展。英国高等教育国际化是从招收海外留学生开始的。撒彻尔夫人上台以后大幅削减高等教育经费，英国政府为了弥补高校在政府投入上的减少，提出高校具有自由支配留学生所缴学费的政策。留学生的收费高校可以自行定价，并拥有自由支配的权力。这一政策刺激英国大学积极开拓海外留学生市场。据英国有关机构统计，每年留学生总计向英国缴纳 80 亿至 130 亿美元的学费，是英国经济发展的支柱之一。值得注意的是目前英国已成为接受中国留学生的主要国家之一，总数仅次于美国。2013 年，据数据表明，目前在英国留学的人数已高达 27 万，他们来自世界 200 多个国家和地区，占英国学生总数的 12%。

二、英国高等教育国际化办学策略

（一）重视高等教育国际化办学

在推动高等教育国际化发展的进程中，英国政府发挥了举足轻重的作用。英国政府采取积极措施推进高校国际化的进程，如大学评估指标采用了国际同行评议、学术人员的国际化程度、学生的国际化程度等体现国际化程度的指标。英国在积极响应欧盟关于高等教育国际化政策的同时，先后出台了一系列的法律、政策和措施，为高等教育国际化发展提供了重要的依据。如 2007 年时任首相布朗对高等教育管理部门进行了调整，组建了旨在推动高等教育国际化的核心部门，明确和强化了其职能。2009 年英国政府发表《绿皮书》，提出要使英国大学保持世界一流水平，加强同世界其他大学的联系，吸引国外优秀留学生、学者和管理者，以便保持国家竞争力和在国际上的教育领先地位。

缺乏国际化的大学不可能成为一流的大学，因此，英国高校不仅重视校内办学的改革，同时也关注校际、与境外政府及企业的合作办学，开展全球性的教育合作。2003 年 10 月，在北京成立的中欧发展研究中心是龙比亚大学与中国欧盟协会共同合作的结果。该中心旨在为中国的商业机构、科研教育机构以及政府部门提供咨询与研究的服务。曼彻斯特大学要求学生眼睛不仅要向内（本国）看，而且要向外（国外）看，提出要培养“国际公民”、“国际学生”。诺森比亚大学加强对学校师生员工进行高等教育国际化有关知识的培训和教育。为加强国际合作及交流，英国高等院校设立了国际化合作的机构或组织，到海外开展留学生教育咨询服务、举办教育展览。另有英国大学邀请国外学者来访问、讲学或派本国学者出国留学、访问等，或通过国际会议进行学术交流。

（二）开发国际化课程

20 世纪英国在课程的国际化建设方面采取了一些策略：一是开设专门的国际教育课程。在国际的框架下讲授某种学科，使学生意识到所有国家的相互联系及世界共同的普遍性问题。如国际文化、国际农业发展研究。二是在现有的课程中加入国际性的内容，这些内容紧密关注国际上本学科的最新动向，及时让学生了解最新研究成果。如在工程、教育和工商管理等领域的教学中增加国际方面的内容，开设外语、世界经济、国际金融、国际贸易、国际经济法、国际政治、世界文化等新专业。三是开设注重国际主题的新课程。如英国著名的曼彻斯特商学院的国际商务、国际管理战略等课程。四是地区性或国别研究的课程。如曼彻斯特商学院以“亚太地区研究”为主题的课程，给学生提供去中国香港、新加坡和马来西亚三个远东国家或地区实地考察的机会。五是建立课程网络并进行国际交换。这样可以取长补短，补充学校教学计划中未能设置的课程，学生学习更多知识的同时也体验了不同的文化背景。国际性课程开发中，英国大学还加大了外语教育的力度，以使学生掌握国际交流、国际对话、国际谈判、国际研究的工具。这些国际性专业和课程的开设，增加了对国际学生的吸引力，既使得作为整体的大学能拥有源源不断的生源，又使得作为个体的大学与大学之间充满竞争，这充分体现了国际市场机制对教学内容改革的促进作用。

新世纪的策略是将多元化引入课程中。譬如在针对欧盟学生参与较多的课程中，将欧洲元素引入学术院系，开设“欧洲模块课程”。又如英国在制定 GCE 考试评价体系中除进行统一的外部性评价外，以课程作业为代表的内部性评价是该考试制度的主要特点，从而分别实现了多元化。除此之外，教师的国际化是整个学校国际化策略的核心。从全球招聘最优秀的教师来服务英国的大学从而提高教学的师资所带来的国际化视野，也有益于国际化课程的开发。对于学生而言，国际化的师资能使他们在所学的课程中得到不同的观点或方法，从而最大限度地扩展学生的知识面，增加学习机会。

（三）采用不同方式实现高等教育国际化办学

目前，英国高等教育国际化办学主要有三种形式：一是直接就读于英国高校。国家制定有关政策，鼓励本国的高等教育机构面向国际社会，争取国际生源，获得直接的经济收入。2012 年统计英国有 445 000 名国际学生，其中中国学生数量占到了 1/5，较 2010 年增长近 20%。二是通过国外教育机构合作在境外办学。办学模式大致分为两类，一种是英国某大学和国外同行共同建立一所大学，合作开展教学和科研工作，另一种是英国某高校在境外与外国大学联合培养大学生，而授课方式也有两种，其一是在境外实施教学的全过程，即所招学生在当地教育机构读完所有课程。其二是学生在当地读完两年或大部分课程，最后一年或最后阶段转入英国大学继续就读，并取得合格成绩，便可获得英国大学颁发的学位和资格证书。三是通过远程教育，通过这种方式取得英国高校学位的人数占总数的一半以上。

（四）加强质量监控

针对英国高等教育国际化的发展方式，英国建立了严格的质量保障体系，1997年成立的高等教育质量保障署，旨在为通过评估为巩固和提升高等教育质量提供保证。为保证英国高校的办学水平，政府每年还采取两种方式对教育质量进行评估：一是研究评估，二是教学评估。这两种评估的结果都通过互联网公开发布。英国学者汤姆布鲁赫指出："不管是英国国内的高等教育，还是与其他国家高等院校合作的海外高等教育，或者通过网络、视频会议和其他电子媒介提供的远程教育，对教育质量的关注仍要放在首位。"

（五）推行境外学分互认

为了推进跨国高等教育的发展，英国教育部门与境外许多高校都签订了学分和证书互认协议，相互之间还承认其他的教育项目。2003年3月中英两国政府签署了《中华人民共和国和大不列及北爱尔兰联合王国政府及托管政府关于相互承认高等教育学位证书的协议》。根据协议，中国学士学位获得者在达到英国高校招生条件下，可以到英国攻读研究生学位和进行职业学习，中国硕士学位获得者在满足英国高校录取要求下，可以直接攻读英国博士学位。英国硕士学位获得者可在中国攻读相关领域博士学位，获得英国学士学位且成绩优异者，可以参加中国博士生入学考试。中英相互承认高等教育学位证书，将很大程度上方便两国学生的学习和深造。

（六）完善相关服务

首先，英国高等教育重视境外宣传教育。为招收更多的留学生，大多数高校都设有国际事务办公室，例如：英国文化委员会在多个国家设有派驻机构。这些机构一方面协助校方招收外国留学生，另一方面，他们也积极宣传提供给留学生的服务项目。其次是设立奖学金吸引留学生。英国从 1979 年起对欧共体以外的学生实行全费政策。这一政策导致了 20 世纪 80 年代上半期赴英国留学生人数急剧下降，但英国政府在 1983 年以来推出奖学金制度使英国政府和高等院校很快走出困境。为吸引优秀的国际人才，英国专门设立了总额超过 100 万英镑的研究生奖学金，以资助优秀学生。最后是简化留学手续，实行宽松的工作政策。为方便留学生，英国在他国开设了不少签证申请中心，并不断地简化签证手续，以缩短签证时间。英国还实行比较宽松的工作政策，在英国读书的海外留学生可以有充分的合法打工时间。

三、英国的高等教育国际化策略对中国的有益启示

综上所述，英国在推进高等教育国际化发展方面独具特色。通过大力推进高等教育国际化，不仅加深了英国与世界各国的相互了解和融合，促进了世界教育、科技和文化事业的发展，而且也给本国带来了可观的收益。而中国高等教育国际化水平还不高，进程较缓慢。因此，我们要认真学习和借鉴英国高等教育国际化的经验，提高我国高等教育国际化的水平，推进我国高等教育国际化的进程。

首先是树立国际化的高等教育理念，充分认识中国高等教育国际化的必要性。在全球化的国际社会背景下，各国高等教育都将融入到国际化体系之中，而且竞争日益激烈。而中国的经济优势、科技优势和教育优势与发达国家相比还相对较弱。对此，我国应引起高度重视，要有忧患意识、责任感和紧迫感。中国高等教育要实现国际化，必须开拓视野，融入到国际高等教育的大系

统中，借鉴国外成功经验，审时度势下大力气以国际化的标准办好我国的高等教育。如增设国际课程，推行国际联合办学，增强教学科研交流，提高师资队伍建设。

其次是开展高等教育领域的国际交流与合作。坚持实行“走出去，引回来”的战略。即一方面继续扩大向国外派遣留学生、互换生及访问学者的规模，更好地利用国际的优质教育资源。另一方面继续扩大接受外国留学生的数量。同时加大海外宣传和留学咨询服务的力度，扩大我国高等教育在海外的影响力。

再次是注重培养国际化理念的创新人才。目前，我国高等教育在从以往重视书本知识的灌输向应用性、创新性转变。在转变的同时，我们始终要以创新教育为核心，科技设计人才培养模式，转变人才评价的观念。许多高校已建立实践基地，实习实训室，大学生创新基地等，但在着力培养学生创新能力的同时，还应注重开拓学生的国际视野，努力增强学生的国际意识、国际素质及国际交往的能力。

最后是正确处理高等教育国际化与本土化的关系。在借鉴和学习其他国家教育理念和措略时，我们不能全盘照抄和盲目模仿。高等学校作为民族文化的重要载体，承载着民族的诸多传统，负荷着特定的价值观念、思维方式和民族精神。所以我们要处理好国际化与本土化的关系。只有我国高等教育的发展和改革逐步与国际接轨，注重高等教育的本土化，使国际化与本土化有机结合，不断完善与本国国情相适应的现代高等教育制度，才能在世界高等教育舞台上占重要地位。

第七章

商务英语专业国际化教学改革实践

第一节　商务英语专业“1+1”双硕士项目

以商务英语为专业背景的学生，需要具备国际化视野和跨文化交际能力。为了实现此目标，天津外国语大学国际商务英语专业开展了和美国某大学的战略联盟，即作为国际商务英语专业的研究生通过两项国际考试（雅思和 GMAT），便有资格到美国某大学进行为期一年的 MBA 专业学习，并可以获得这所大学的 MBA 学位证书。至今该项目已经实施了三年，获得了中美双方校方的支持和交换生的认可。

一、国际化课程项目的意义

第一是系统地学习美国商务知识。在全球化的今天，作为国际商务英语专业的学生，需要一个交流平台，将在国内掌握的商务理论与国外先进的商务知识相结合，培养自己的国际化视野与思维模式，为成为国际型商务人才奠定坚实的一步。

第二是提升英语书面及口语表达水平。在国内，国际商务英语专业的学生虽然在英语语言表达方面相较于其他非语言专业的学生有优势，但是由于语言环境受限，口语交流能力依然较为薄弱。在以英语为母语的美国留学，有助于学生的口语水平的快速提升；同时，由于美国高校对于学生的论文书写能力要求较高，且关乎个人的平时成绩，这也迫使交流生在短期内自主强化书面表达能力，以取得优异的成绩。

第三是深入了解美国文化。长达9个月的留学经历，使得这些对美国的初始印象仅停留在书籍、网络信息的交流生们，有机会实地感受美国当地的风土人情，了解美国课堂的教学风格和当地学生的学习方法。

最后是锻炼社会综合能力。某大学向每一位中国交流生敞开与社会接轨的实践平台，不但在每学期都举办两至三次的云集了世界500强优秀企业的校园招聘会，而且还提供多样化的校内带薪实习，以及丰富多彩的校内活动和义工活动。这都锻炼了中国交流生的综合能力。

二、中美合作双方简介

美国某大学是位于美国东北部康涅狄格州的一所著名的私立大学，学校成立于1929年，毗邻风景如画的巨人山州立公园，距纽约有90分钟的车程，校园风景秀丽，教学设施完备，师资力量雄厚。这所大学在美国北部大学排名第11位，共开设51种学士学位专业、20种硕士专业，以及非全日制教育和网络教育。

天津外国语大学是一所以外国语言文学学科为优势学科的高等学校，是全国最早独立设置的八所外语院校之一。学校具有海纳百川的校园文化，与世界30个国家的80余所大学和多个教育组织建立了友好合作关系，不断探索“3+1”、“2+2”、“4+1”等国际合作办学模式，每年派出大量中国学生到国外学习，并接收来自世界各地的学生进行长、短期的中文和中华文化学习，目前有来自全球44个国家的留学生在校学习。天津外国语大学具有精良的师资力量，现有教职工千余人，其中专职教师七百余人，拥有海外留学经历的教师高达50%，部分专业达到90%以上，常年聘请外国专家、教师百余名。学校秉承“中外求索，德业竞进”的校训，致力于培养具有自主学习能力与跨文化交际能力的高素质复合型国际化人才，现有全日制在校生近万人，研究生千余人，生源覆盖29个省、市、自治区，现已发展成为天津市乃至全国的传播多元文化以及培养外语、外向型人才的重要基地，并逐步树立起了我国外语教育领域的“天外”品牌。

国际商务英语专业是天津外国语大学招收一本生的专业。该专业从多学科的视角，运用国内外研究成果，探讨和研究了国际商务的理论、原则和科学方法，培养了一批学风严谨，具有扎实的英语语言基础，了解国际商务的研究现状和发展趋势，熟练使用各种定量与定性研究方法，有能力从事科研项目，进行商务英语教学、研究以及涉外工作的高级人才。商务英语专业的研究特点：①强调英语语言技能与国际商务理论的结合；②强调国际商务的跨学科特点；③强调掌握扎实国际商务理论知识与实际应用能力的结合；④强调在全球化商务背景下的跨文化交际理论的掌握；⑤强调关注现实、独立思考、批判思维的能力。专业的课程设置（全英文授课）：跨国物流管理、国际市场营销、跨国企业管理、跨国人力资源管理、国际商务理论、国际商务实务、宏微观经济学、高级商务英语写作、商务翻译理论与实践、高级商务口译、跨文化商务沟通。本专业的课堂教学模式：根据有代表性的商业案例，结合商务理论知识，以 PPT 制作、公共演讲的形式展现学生的个人分析与见解，并引发课堂讨论。本专业的实用教材：基于中国的经济发展现状，为培养与国际商务接轨的复合型人才，天津外国语大学国际商务英语专业为研究生配备了实用性强、符合国际化商务领域对人才需求的教材。如《国际金融英语》、《人力资源管理英语》、《管理英语教程》、《物流英语》、《战略管理》、《市场营销》、《西方经济学》、《高级口译》等。

三、中美双方高校的合作形式

中国交流生在天津外国语大学的国际商务英语专业修读 MBA 课程：3 门面授课，9 学分；赴美在美国某大学进修 MBA 课程：10 门面授课，28 学分；回国后在天津外国语大学的国际商务英语专业继续完成这所大学的 MBA 课程：3 门网络课程，9 学分。（如图 7-1）

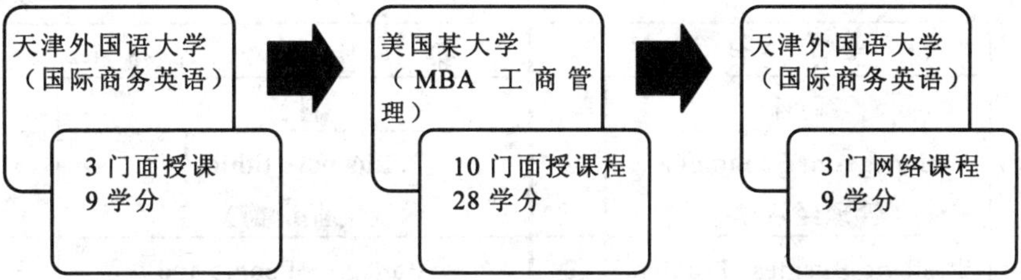

图 7-1　以天津外国语大学为例，中美双方高校的合作形式

四、本项目的学习内容

按照项目规定，中国交流生必须在这所大学完成 10 门 MBA 专业课程学习，如表 7-1 所示，内容包括：Accounting For Managers（管理会计）、Information System Strategy（信息系统战略）、Managerial Economics（管理经济学）、Strategic Business Problem Solve（商业中的战略解决方案）、Business Communications（商务沟通）、Financial Analysis and Decision Making（财务分析和决策制定）、Statistics—Business Decision Analysis（统计学—商业决策分析）、Business Ethics（商业道德）、Managing People and Organizations（人力与组织管理）、Strategy（战略）。

表 7-1　中国交流生在美国某大学需要完成的十门 MBA 专业课程

第一学期（9 月～12 月）		第二学期（次年 1 月～5 月）	
科目	学分	科目	学分
Accounting For Managers（管理会计）	3	Financial Analysis and Decision Making（财务分析和决策制定）	3
Information System Strategy（信息系统战略）	3	Statistics—Business Decision Analysis（统计学—商业决策分析）	3

续表

第一学期（9 月～12 月）		第二学期（次年 1 月～5 月）	
科目	学分	科目	学分
Managerial Economics（管理经济学）	3	Business Ethics（商业道德）	3
Strategic Business Problem Solve（商业中的战略解决方案）	3	Managing People and Organizations（人力与组织管理）	3
Business Communications（商务沟通）	1	Strategy（战略）	3

管理会计这门课包含了管理者做计划、决策、控制、运营所使用到的会计理论和实践。内容包含了定量分析、定价、成本跟踪和分配、预算编制、过程改进和责任会计。这门课旨在让学生学会使用在组织计划和管理中所涉及的会计信息。学生不仅需要理解成本分析的方法和概念，还需了解组织决策者对于成本信息使用的意义。修完这门学科，学生可以解释在运营和战略决策中所使用到的管理会计信息；理解会计信息是如何影响一个组织的竞争驱动力和行动力；了解如何设计管理会计系统，以适应那些有具体要求和限制的商业环境；提供主要的成本会计职能，例如产品、顾客和服务、商业计划、绩效衡量与管理的成本决定。

财务分析和决策制定这门课让学生们了解了应用于现实问题的财务分析理论和技术。课程包含了风险与收益、货币的时间价值、资产定价、资本预算、投资决策、资本结构决策、股息分配政策、资本回流、营运资本管理、信贷与国际金融。修完这门学科，学生将有能力解释、并使用金融和实体资产估值所需要的贴现和复合技术；解释并使用资本定价模式；评估公司的资产成本；计算和分析财务比率；了解预测财务报表的使用；理解金融市场和筹集资金机构的作用；解释融资决策的作用和常见的技术分析；计算资本预算决策的结果；制定资本预算的贴现现金流报表；掌握企业将资产分配给股东的程序；了解企业的股息分配政策对融资和估值的作用和影响；精通国际金融市场和外汇汇率；掌握必要的技能来进行会计或财务工作中所需要的决策分析。

商业道德这门课提升了学生在商业组织中的法律意识，帮助学生识别道德问题，使用多种道德决策模式来分析道德案例。课程包含了评估分析业务的法律环境，识别管理股东之间的关系、企业和政府的关系、企业的社会绩效。在研修这门课的过程中，学生将会接触到各种商业环境中的道德问题，并了解到发生这些问题所处的道德、社会和经济背景；学习与伦理问题相关的道德概念，并锻炼必要的分析推理能力；理解个人道德决策的含义；对于恰当地在商业道德问题上表现出理解、解释和反映所需要的管理工具持有批判性的思维；理解道德规范在商业中所起到的作用；从道德的角度分析商业问题；理解道德和商业活动是如何良性结合的；学习如何通过逻辑性强、条理清晰、有说服力的书面语或口语演讲来进行有效的沟通；培养作为团队成员，使工作有效开展所需要的人际交往能力。

人力与组织管理这门课让学生了解到组织理论和行为中的核心问题，旨在提高学生对于组织理论中组织设计和组织行为的语言与实践两方面的理解，着重研究了组织如何协调管理环境、任务、技术、战略、生命周期和文化之间的关系，以及这些关系是如何影响组织结构选择的。这门学科的后半部分研究组织行为学，它和组织理论在商业中的地位同等重要。课程通过对在组织中能力、政治、冲突、动机和领导力的考察来探究组织中的人际关系，旨在定位和阐明管理理论中所研究的组织与从业人员。课程鼓励每个学生积极参与课堂演讲、课上讨论，并按时完成指定材料的阅读。通过学习这门课程，学生可以了解组织是如何管理内外部环境的；认识传统的组织理论和行为是如何影响管理者面临的新挑战的；掌握人力与组织过程管理的能力；注重理论在实践中的应用。

战略这门课是 MBA 学生必修的总结科目，也是一门跨学科的课程。它鼓励学生将各领域的知识整合到一起，如：市场营销、会计、金融、运营、人力资源管理，从企业整体的角度分析战略问题，再从战略的角度利用整合的知识解决问题。开设这门课的主要目的：通过案例分析和对理论性文章的研究讨论，培养学生的批判性思维和决策能力；提供给学生一个机会来学习与战略管理领域相关的概念和理论，综述并整合从各方面积累到的商业知识，并将它们应用在模拟商业领域中；为满足既定的组织目标，在制定组织战略和政策中积累经验。修完这门学科，学生将有能力分析以战略为导向的商业问题；对企业进行全方位的战略分析并给出详细的战略建议；提高对于集成商业活动的必要性认识，来支持企业的战略愿景和运营；使用多样的工具和技术来解决具体的战略管理问题；识别道德维度是如何影响战略思维的。

管理经济学这门课探究了在解决重要的商业问题时，经济分析工具的实际应用，这包括了对于需求、成本与输出、市场结构和定价政策的考察分析。修完这门学科，学生有能力在管理决策过程中进行经济分析，如在广泛的商业决策方案中运用基本的供求分析；了解弹性的含义以及它和商业决策之间的关联；严格地掌握企业理论；能够区别不同的市场结构；了解特殊的定价；识别信息与非对称信息的重要作用；能够在决策制定中使用博弈论。

众所周知，在商界以恰当的形式进行良好沟通的能力是企业进步的关键。研修商务沟通这门课的目的：了解写作的过程和机制，无论是个人写作还是集体协作；精通商务沟通，无论是口语交流还是书面表达；探讨在国际化商业市场中存在的理解、语法和文化差异。这门课向商务人士以及商科学生提供了多种形式的写作指导和公共演讲的平台。修完这门学科，学生将掌握商业信件、备忘录、电子邮件、即时通讯、报告、团队写作和公共演讲的技能。

信息系统战略这门课旨在让学生通过使用恰当的信息技术，来发展分析识别可以提升组织效力的机会；着重研究影响组织战略、结构、风险与过程的技术，并涉及企业的道德、全球化和安全问题。修完这门学科，学生将会理解信息技术和商业战略之间的关联；确定合适的技术来支持商业目标；理解在大组织中首席信息官所面临的挑战；识别技术资源管理不当对组织造成的威胁；认识技术是如何帮助组织在全球化环境下生存竞争的；了解关于信息的道德使用的问题。

商业中的战略解决方案这门课旨在提升学生对于需要评价或行为指引的企业、管理者以及商业环境的详细深入的分析能力。这门课主要依赖于阅读、网络讨论和案例分析。修完这门学科，学生将有能力书写让读者易理解、结构合理、简明扼要的案例分析报告；识别评价案例中的战略，并在未来处理同样的商业问题时更加得心应手；分析企业的外部环境、内部资源和功能；了解企业的竞争优势以及竞争优势与企业绩效之间的关联；能够在分析商业案例时发现关键问题，并从道德角度分析问题；在考虑到差距和不确定性的前提下，结合案例本身的实际情况，为企业提出合理建议。

十门 MBA 课程分配在上下两个学期，每学期五门，交流生顺利从美国某大学毕业，拿到学校授予的 MBA 学位证书的条件：每一门课程的学期总评成绩不得低于 C，十门课程的 GPA 不得低于 3.0。根据项目要求，在毕业典礼之后，交流生需要回国再完成三门网络课程（单科为期 5 至 7 周）的学习，包含两门选修课、一门必修课：Internship programs（实习课）。由于网络课程是在交流生回国后开设的，并非面授，所以美国教授对于交流生学习情况的跟踪就显得尤为重要，下面介绍网络课程的授课方式：教授在 QU 官网发布课程的进度安排、配套教材、给分标准、小组分配以及作业要求，并在官网建立“课堂讨论板”；学生需要根据教授发布的课程进度来阅读材料，在讨论板上与组内成员进行互动交流，回答教授提出的问题；教授会根据小组的讨论内容做出总结，给出该部分的个人成绩，并在期末考试之后，按照给分标准，整合出学生的个人最终成绩，代表本学期课程结束。

参加该项目的交流生会在当年 8 月赴美留学，经过 9 个月的密集学习，于次年 5 月参加毕业典礼，6 月回国，开始 3 门网络课程的学习，8 月底完成项目要求的全部课程，于 10 月收到美国高校颁发的 MBA 学位证书和毕业证书。此后，从 10 月到次年的 3 月，学生需要继续完成天津外国语大学国际商务英语专业的研三课程及研究生毕业论文答辩。

第二节　商务英语国际班教学的探索与实践

随着全球经济一体化的发展，国际教育在 21 世纪的发展日新月异，国际学术和文化交流日益频繁，高等教育的国际化成为一种必然的趋势。另外，人才的竞争问题在近些年来也日益凸显。国内众多高校结合自身办学特色，纷纷设立国际班，加快了专业性高等教育的国际化进程。

将国外学生引入中国，成立国际班是节省中国学生留学成本的最佳选择。过去 20 多年来，越来越多的中国学生选择走出国门接受国际教育，旨在培养自己的国际视野，成为具有良好专业素质、跨文化交际能力的复合型人才。但是，大部分中国学生支付不起在国外，特别是在美国接受高等教育的高昂费用，例如，在美国的大学学习一年的总花费在25万至30万人民币。因此，吸引美国留学生来中国，与中国学生一起建立“短期国际班”，在中国接受教育的创新教学模式很有必要。尤其对于商务英语专业来说，参加在中国的“短期国际班”学习对提升学生的国际化视野、专业素质和国际竞争力大有裨益。

一、国际办学在中国的现状

国际教育在全球化时代既是培养国际型竞争人才的重要手段，更是培养中国高层次人才的最佳途径。目前，国内各所高校主要是以中外合作办学的方式来实现国际教育的。

一般地，国际办学主要由两种模式组成，第一种也是最常见的一种模式，即学生必须分两部分完成学业，一部分在中国境内的合作院校完成，另一部分则赴国外的合作院校完成，通常有“2+2”，“3+1”等模式。例如，“2+2”指在中国学生国内学习两年，后两年在国外学习。现在许多高校都与国外的院校达成了这种合作机制，凡达到双方院校要求，便可取得国家教育部认可，学生毕业时不仅可以拿到中国校内的毕业文凭，也可以拿到国外合作学校的毕业文凭，这无疑大大提高了参加该项目的学生的国际竞争力。

第二种合作办学机制是将国外合作院校的老师引进国内，国内学生不出国也可以接受国外教育。这种模式下，授课老师仍属于国外合作院校，并且学生毕业时若达到院校要求便可获得国外大学的文凭。如宁波诺丁汉大学，是由英国诺丁汉大学与浙江万里学院合作创立的，是在中国设立的第一家引进国外优质教学资源的独立大学。使中国学生能够以较低的成本获得世界优质高等教育。目前，第二种办学模式还是很少见的，原因不仅在于国外外派师资的缺乏，还在于这种模式的认可度不高。

虽然近年来这两种教学模式备受中国学生的青睐，但是他们的不足之处也很突出。第一种模式下，虽然学生们能够亲自踏出国门，学习国外的人文历史和先进的专业知识，与外国人能够近距离的交流，但是该模式花费较高，一般家庭很难负担得起，而且合作院校也都是国外的二流或三流院校；第二种模式下，尽管学生不用出国即可接受国外教育，但是很多国外院校看中的是中国的市场，来华合作办学纯粹是为了追求商业利润和经济利益，很大程度上忽略了教学质量。

为了使学生能够更好地符合国际化人才的要求，天津外国语大学商务英语专业特设国际班，以一种创新的“引进来”模式：将美国学生带入中国课堂与中国学生一起接受教育。该模式下，同学们不用走出国门即可与国外留学生进行近距离的交流，还可以体验与他们共同上课的课堂氛围。通过这种模式，使学生置身于国际化学习环境中，培养成为既有商务专业方面的知识，又具有跨文化交际能力的复合型人才。

二、商务英语国际班的教学实践

我校截止到 2014 年已开设三届商务英语国际班,成效一届比一届显著。每年 5 月到 6 月期间，国外合作院校会派来留学生与我校商务英语专业研究生一起开展为期一个月的短期学习实践活动。留学生与本校同学共同上课，参与讨论，完成作业等。值得关注的是，中外同学还会一起进驻企业进行短期实习，参观知名企业、工厂等课外实践活动。商务英语国际班主要是以教学和实践相结合的教学模式进行的，对班级人数、师资水平和课程选择等方面也有相应的严格要求。

（一）国际化混合编班

为保证上课质量和同学间交流的效率，商务英语国际班的班级人数有严格的控制。一般来说，国内学生和国外学生的人数比为 2 比 1。构建一个“2 对 1”的互帮模式：由 2 名中国学生与 1 名国外学生结对，在生活上和学习上互相帮助，形成学习小团队，相互融合，共同进步。另外商务英语国际班以小班教学为主，人数总数不超过 30 人，尽最大可能让国内外的每位同学都能够得到交流的机会。由于国际班采取的是比较灵活的教学模式，课堂以学生为中心，互动性强，重视学生间的交流和师生间的交流，所以人数的控制就显得尤为重要，如果班级人数过多，课堂将达不到预期的效果，开设国际班的目的也就达不到了。

（二）复合型师资构成

由于国际班是混合编班，同学们均处于研究生阶段，所以授课老师必须具备双语能力。国际班中还有一部分美国留学生，他们的专业也都属于商科，所学课程与本校的商务英语课程有一定的重合，因此授课老师也需具备相关的专业知识。基于以上两点要求，校方特为商务英语国际班配备具有双语能力且专业知识扎实的老师。教师还具备国际意识、全球视野和跨文化交流能力，掌握现代教育思想，只有这样才能培养出国际化、实践型人才。通过学院有计划地选派任课教师到国外进修与讲学，参加国际学术交流与科研合作和访问考察等，教师获得了国际化的教育理念和教学方法。同时，联系国外合作院校的外籍教师来校教学，组成一支相对稳定的教学团队，以保障该国际班的教学顺利进行。这样国外学生不仅能够适应在中国的学习，中国学生也能在将来出国后尽快适应外国的教学方式。所有授课老师不仅掌握系统的专业知识，也必须具备丰富的教学经验，这样他们才能够对这种创新的混合班级有较好的把控能力。除授课老师外，学院还会为国际班安排一名也具备双语能力的班主任，以保证国际班的顺利开展。班主任负责保障留学生在中国的安全，以及处理同学们学习上和生活上的一切问题。例如，班主任会及时跟进留学生的学习和生活状态，给予适时的指导，使国外学生能够尽快适应在中国的学习和生活。

（三）“三一复合”课程模式

商务英语国际班是以教学与实践相结合的模式进行的，即国际班提倡的“三一复合课程”模式（见表 7-2）。“三一复合”课程模式指商务课程学习、中国文化学习和企业实习各占国际班学习任务量的三分之一，另外还包括中外同学之间的互动，希望打造一种全新的教学模式来全方位地培养学生的能力。

表 7–2 国际班课程模式

教学体系	课程名称	学时比例
教学	商务课程	占总学时的 1/3
	中国文化	占总学时的 1/3
实践	企业实习	占总学时的 1/3

1. 商务课程学习

课堂授课是学生学习专业知识的最主要途径。商务英语国际班开设三门商务课程，分别是中国经济、中国金融和中国物流。

设置中国经济这门课程的目的在于让国内外的学生，特别是国外的学生对中国当代经济有一个深入的了解。改革开放三十年来，中国经济快速发展，中国的面貌发生了翻天覆地的变化，人民的生活得到了极大改善、生活水平不断提高，特别是在国际金融危机中，中国成功应对并走出危机，充分彰显出中国的经济实力。然而很多外国人对中国的经济现状还是不太了解，有的还停留在过去的印象当中，中国经济这门课程将对中国当代经济进行详细的介绍，对个别城市的发展会重点介绍，如北京、上海和天津，让外国学生能够更加客观的看待中国的发展和崛起。

中国金融这门课将对中国金融的发展做系统介绍，讲述中国当前金融体系、金融政策与货币体制的现状、热点问题等。过去三十年里，伴随着中国经济的快速发展，中国的金融领域发生了的巨大变化，金融总量规模占GDP的比例呈逐年上升的态势。中国加入了越来越多的国际金融组织，如世界银行、国际货币基金组织和国际清算银行等，在国际金融舞台上的地位也越来越重要。通过学习中国金融这门课，中外学生们将会对中国金融有一个全面的了解，通过与国外金融体系和政策的对比，看到中国金融的特点与不足以及中国金融未来的改革方向。

中国物流这门课程的选择与学校所处的地理位置也有一定的关系。学校位于天津，天津港是我国沿海的重要水路交通枢纽，是北方最大的综合性港口。而且，从现在的发展趋势看，中国的物流业紧随发达国家，处于飞速发展之中。互联网经济的兴起，也为中国物流的发展注入新的活力，使中国的物流前景一片光明。学习中国物流，学生们不仅可以获得与物流领域相关的知识，还能对中国物流和天津物流的发展有一定的了解。此外，由于商务专业对商务实践非常关注，近几年国际上各大学商学院课程改革的趋势也是让课程更多地与商务实践结合。所以，商务英语国际班也在课堂上创设一些真实的问题与情境来提升学生实际解决问题的能力。

2. 中国文化学习

开设中国文化课有以下两个原因：一方面，中国文化博大精深、源远流长，留学生容易在中国历史认同感方面产生巨大的差异；另一方面，由于我们近代长期闭关锁国，改革开放以来虽然取得了巨大成就，但留学生来中国之前，缺乏对中国直观、全面的了解，有些认识甚至是歪曲、变形的。因此，这一课程的开设对刚来中国的留学生来说很有必要。中国文化这一课程的开设旨在让国外留学生了解中国传统的文化和价值观，并着力发扬我国几千年来灿烂伟大的文明。比如，开设一些中国武术课、中国书法绘画课等让留学生能够亲身体验中国文化的特别之处。与此同时，结合本专业特色，特别加入了跨文化商务沟通这方面的内容，着重学习中国人待人处事的方式和礼节，希望留学生将来在与中国人打交道时能够尊重我国文化并能成功运用到实践当中去。例如，课堂上有时会模拟商务谈判，谈判双方分别来自中国和外国，让同学们在实践中体会中外在商务沟通方面的差异。尽最大可能，培养出既懂得东方的文化传统与价值观念，又能汲取中华文化中的优良传统，拥有与中国人合作、交流、沟通和理解能力的留学生。

3. 企业实习

丰富的课外实践活动也是商务英语国际班的一大特点。通过各方的努力，国际班保证同学们每年都有进驻企业实习的机会。在每周固定的企业实习日里，中外学生一起进驻企业在不同的岗位进行为期一个月的实习。实习地点一般都属于大型跨国公司。同学们被分配在各个部门实践，如生产部和物流部，这样在不同部门实习的同学可以就自己的岗位与国际班的同学们互相交流心得，短时间内大家就可以对多个就业岗位获得深入的了解，为以后就业岗位的选择做好准备。实习结束后，各部门管理人员也会对我们实习的同学给予反馈和建议，将来在工作中，同学们就能避免再次犯类似的错误，解决同样的问题时会更加得心应手，处理职场人际关系方面也有了一些实际的体会。在实践中，学生们不仅可以把所学知识运用到工作中，学生之间的交流也更具有实际意义。

（四）中外学生的互动

中外学生之间的互动对双方的学生进步有很大的帮助。互动的模式可以充分调动学生学习的积极性和参与性,激发学习兴趣。在全员的互动中，可以最大限度地让每位同学都参与进来。尤其中外学生间的互动更能够加深对对方文化的感知，进而提高他们的跨文化商务沟通能力。

课堂上的互动能够活跃课堂气氛,让中外学生迅速认识彼此,相互融合。在授课过程中，教师以全英文讲解为主，课堂中会穿插一些小组讨论，力求使每位同学都参与到课堂中来。一方面由于商务英语专业要求学生要长于沟通、乐于交流，另一方面为使授课方式更适合留学生，教师多主动调动课堂，活跃气氛，鼓励学生自由表达。不仅实现了中外学生间的互动，也实现了师生间的有效交流，使课堂氛围极为融洽。比如，商务课上的一些情景模拟活动，不仅让课堂氛围活跃了起来，同学们也更容易理解课堂内容。有时，老师会提出一些关于中外经济、文化方面对比的问题，需要同学分小组讨论，最后给出统一的答案。这类问题也需要由中外同学混合的小组共同完成，这就锻炼了学生们的跨文化交际能力以及团队合作的能力。

在作业完成方面的互动能加强学生的跨文化交际能力和团队合作精神。国际班的班级成员与普通班级有所不同，所以国际班的作业一般以小组为单位来布置，每个小组的留学生与国内学生人数比仍保持在一比二，作业多以小组展示和报告的形式完成。例如，老师布置一个关于中美未来经济发展方向的课题，需要小组查找大量的国内外数据，最后派出一名代表上台给全班同学展示课题调研结果。该作业的完成首先需要同学们查找国内外的资料和数据，然后进行整理和讨论，最后以 PPT 的形式把小组的课题研究结果报告给全班同学。在这一过程中，小组成员不仅就课题本身进行了探讨，还会交流一些解决问题的研究方法，了解对方看待问题的思维方式。小组作业对各组成员间的交流和合作有了进一步的要求，既锻炼了同学的沟通能力和口语表达能力，也能够让国内外同学在课下交往的过程中取长补短，互相学习。

此外，国际班还通过课外活动的互动让中外学生丰富课外知识，增进友谊。我们会为国际班不定期地安排知名企业、工厂参观活动，以开阔学生们的视野。例如，我们在 2014 年安排同学们参观了坐落于天津空港的法国空客组装厂，使同学们获得了难得的机会可以亲临组装线，感受企业的生产氛围。在参观的过程中，中外学生热烈地就所见所闻交流了意见与看法。在老师的指导建议下，同学们也经常带领留学生朋友们一同活动。例如，参观天津市的历史博物馆和城市规划馆，领略天津翻天覆地变化的同时，也更好地了解天津的未来。老师还会组织大家一起包饺子，让国外学生亲身体验中国文化，在欢愉氛围中，同学们增进了彼此的友谊。在课外活动的互动中，同学们走出课堂，使得互动过程更加轻松有趣，每个人也更愿意去和大家交流，交流的话题也更广泛。课外活动的互动在丰富大家课外知识的同时，也增进了同学之间的感情，对文化间的差异也能有更深刻的体会。

（五）教学反馈

通过交流，中外学生们都肯定国际班教学提高了他们的跨文化交际能力，给他们带来了很大的益处。同学们对课堂授课模式的反响很热烈，国际班的课堂是他们从未体验过的一种积极的、轻松的和开阔思维的环境。国际班使中国同学得到了一次很好的口语锻炼机会，所以中国学生的口语能力明显提高。课外实践活动也让不少同学受益匪浅，近距离接触企业和工厂让同学们对以后的工作有了一定的理解，企业的实习经验和部门主管对同学们的反馈更是极为宝贵。此外，在与留学生交流的过程中，学生们也从他们身上学到了很多，如创造性思维和创新精神。同时，商务英语国际班的模式也受到国外学生的热烈欢迎。有的留学生说在中国的学习让他们感受到中国的强大，与中国学生的相处也让他们对中国的了解更加具体、全面。然而，也有不少同学反映国际班开设时间太短，同学们刚融入新的教学模式，思维模式刚开始发生改变，国际班的课程就结束了，很多同学都感觉到些许遗憾。

三、启示及建议

在经济全球化进程中，对具有英语能力且懂商务知识的高素质人才的需求大大增加，商务英语国际班在这样的背景下应运而生。此外，在考虑到学生家庭条件的情况下，具有创新特点的商务英语国际班诞生了。该国际班的特点是国外学生与国内学生混合在一起共同上课，教学特色是以课堂授课和课外实践相结合，通过这种方式使同学们互相学习、共同进步。这种新型的国际班开课模式不同于以往的“2+2”或“3+1”等模式，不仅可以适用于商务英语专业，其他英语专业或非英语专业也都可以对此模式加以借鉴和改进。商务英语国际班的实践证明，一方面，国际班能够使课堂气氛活跃起来，短时间内对学生的口语能力有显著地提高，使中国学生快速了解西方文化思维，同时国外同学也能够感受中国文化以及中国经济的快速发展；另一方面，也可以为学校的教学模式增添特色，增强学校对外开放力度，努力为国内学生争取更多的海外继续深造机会和就业机会，同时吸引更多的外国留学生来天津外国语大学学习。

目前来看，商务英语国际班还存在一些不足之处，如开设时间较短，只有一个月，教学模式还不够成熟，还需要循序渐进，在实践中不断完善商务英语国际班的教学，为学生将来就业做好准备，培养出真正具有国际竞争力的人才。

参考文献

[1] Altbach F. Globalization and the University: Realities in an Unequal World [M]. International Handbook of Higher Education, The Netherlands: Springer, 2006.

[2] Asa S. Knowles. Internationalization of Higher Education. The International Encyclopedia of Higher Education. San Francisco: Jossey Bass Publishers, 1977. 2293-2295.

[3] B MBF. Internationalization of Higher Education [R]. Berlin: Federal Ministry of Education and Research, 2008: 5, 9.

[4] Ellis M & John C. Teaching Business English [M]. Oxford: Oxford University Press, 1994.

[5] Glen, A. Jone. Higher Education in Canada: Different Systems, Different Perspectives. 加拿大高等教育不同体系与不同视角. 林荣日译. 福州：福建教育出版社，2007.

[6] Hans de Wit. Strategies for Internationalization of Higher Education: A Comparative Study of Australia, Canada, Europe and the United States of America. 1995.

[7] Hillage, J. & Pollard, E., Employability: Developing a Framework for Policy Analysis, Research Brief 85, Department for Education and Employment, 1998.

[8] J. B. Barney, "Looking Inside for Competitive Advantage", Academy of Management Executive 9:4 (1995), 49-61.

[9] Jones L & Alexander R. International Business English: Student's Book [M]. Cambridge: Cambridge University Press, 1994.

[10] Knight J. Internationalization: Concepts, Complexities and Challenges [M]. International Handbook of Higher Education, The Netherlands: Springer, 2006.

[11] Knight J. Internationalization Remodelled: Definition, Approaches, and Rationales [J]. Journal of Studies in International Education. 2004, 1(8): 5-31.

[12] Middlehurst R. Responding to the Internationalization Agenda: Implications for Institutional Strategy [R]. The Higher Education Academy, 2007.

[13] Nivesjo S, Winzer R, Brassell L. Strategies and Trends in the Internationalization of UK Universities [R]. 1994 Group's Strategic Planning and Resources PolicyGroup, 2011.

[14] Tsang M, Yu Z. Internationalization of Higher Education in China and Japan [M]. New York: Center on Chinese Education, Teachers College Columbia University, 2008.

[15] 边洁英.高职高专商务英语专业的实践性教学探索[J].河南科技学院学报，2010（12）：101～102.

[16] 才德昊. 基于内容的商务英语教学法评估[D]. 东北师范大学，2010 年 6 月.

[17] 蔡雪梅、邵吉丽. 高职院校商务英语专业毕业生就业情况调查报告[J]. 当代职业教育，2011（3）.

[18] 蔡芸. 培养复合型人才的有效模式——商务英语专业课程评价[J]. 外语与外语教学，2001（4）.

[19] 曹德春. 基于国际商务沟通的商务英语理论体系，中国外语，2012（5）.

[20] 陈薇静. 深化教育改革提高学生就业能力[J]. 中国科学教育，2004（1）.

[21] 陈小荣. 高职院校商务谈判课程教学方法的设计[J]. 辽宁科技学院学报，2011，04：75～76.

[22] 陈准民. 商务英语本科培养方案中的几对关系[C]. 新形势下的商务英语教学与研究——第八届全国国际商务英语研讨会论文集. 上海：上海外语教育出版社，2008.

[23] 陈准民、王立非等. 高等学校商务英语本科教学要求（试行）[Z]. 北京：高等教育出版社，2009.

[24] 邓春姊. 高职教育中校企结合模式实训课程的构建[J]. 商业文化，2008（02）.

[25] 董黎. 校企结合——一种双赢的职教发展模式[J]. 中等职业教育，2004（14）.

[26] 方有林、袁景. 论培养和造就“复合型”教师[J]. 井冈山师范学院学报（哲学社会科学），2000（4）：63.

[27] 冯忠林. 科尔最后任期政策目标及其政策前景[J]. 欧洲，1995（3）：64～70.

[28] 冯国平. 德国高等教育国际化的最新进展：跨国高等教育的兴起[J]. 金华职业技术学院学报，2008（3）.

[29] 符长青、张清萍. 高职商务英语专业实践教学模式的可行性研究[J]. 南昌教育学院学报，2011.

[30] 符瑞光. 高职商务谈判课程教学中案例教学法的应用[J]. 江苏广播电视大学学报，2008（5）：69～70.

[31] 高一虹. 跨文化交际能力的培养：“跨越”与“超越”[J].

外语与外语教学，2002（10）：27～31.

[32] 龚思怡．国际分校——新加坡的经验与启示[J]．辽宁教育研究，2005（10）．

[33] 顾嘉祖．语言与文化[M]．上海：上海外语教育出版社，1990.

[34] 谷海玲、廖义．高等教育国际化的策略研究[J]．职业圈，2007，（13）45：119～121.

[35] 郝双魁．高职商务英语翻译教学力法探析[J]．辽宁经济管理干部学院学报，2012（2）．

[36] 黑龙江大学课题组．全国商务英语专业教育调查报告．未出版．完成于2006年8月．

[37] 华厚坤．论跨文化语境下的大学英语教学[J]．黑龙江高教研究，2003（6）：153～154.

[38] 黄建如．20世纪90年代以来新加坡高等教育的改革与发展[J]．南洋问题研究，2010（1）：79～85.

[39] 黄建如．比较高等教育——国际高等教育体系变革比较研究[M]．北京：社会科学文献出版社，2008，112.

[40] 胡剑萍．多重视角论商务英语学科建设[J]．中国高教研究，2011（2）．

[41] 胡文仲．跨文化交际学概论[M]．北京：北京外语教学与研究出版社，1999.

[42] 贾利军．大学生就业能力结构的研究[D]．南京师范大学，2007：25.

[43] 靳希斌．国际教育服贸易——理论、规则与行动[M]．福州：福建教育出版社，2005：12.

[44] 赖菲，苏明阳．大学英语课堂“任务型教学”研究[J]．山东教育学院学报，2007（3）：58～61.

[45] 李蕾．论商务英语专业建设的适用性[J]．成都大学学报

（教育科学版），2009（2）.

[46] 李莉. 基于区域经济社会发展的高职商务英语专业建设——以上海地区三所高职为例[D]. 上海师范大学硕士论文，2013.

[47] 李盛兵. 英国高等教育新政策评析[J]. 高教探索，2003（2）.

[48] 刘白玉. 大学商务英语教学的误区与对策[J]. 教育现代化，2009（4）.

[49] 柳薄、向万春. 借鉴英国课程作业评价经验，完善自学考试多元化评价体系[J]. 成人教育，2010，9.

[50] 李桂山. 加拿大多元文化新视野[M]. 北京：机械工业出版社，2012.

[51] 李桂山. 教育国际化与教学模式创新研究[M]. 北京：机械工业出版社，2013.

[52] 李其龙、洪堡. 外国教育家评传（第一卷）[M]. 上海：上海教育出版社，2003：734～745.

[53] 刘京辉. 德国高等教育国际合作广泛活跃[J]. 高等教育国际化资讯，2006（2）：27～28.

[54] 刘凯. 本科以上层次高等教育中外合作办学现状分析[J]. 教育经济，2013（04）：149～150.

[55] 刘法公. 中国从无到有的商务英语学科[J]. 外语界，2009（6）.

[56] 刘润清. 论大学英语教学[M]. 北京：外语教学与研究出版社，1999.

[57] 刘一彬. 本土化与国际化融合：加拿大高等教育发展的特点及其启示[J]. 学术论坛，2010（06）：202～205.

[58] 李中国、皮国粹. 加拿大高等教育质量保障体系及其改革走向[J]. 黑龙江高教研究，2013（02）：41～44.

[59] 迪辉. 范例教学法与案例教学法之辨析[J]. 教育信息技

术，2009（10）.

[60] 楼美云、吴雄彪. 校内外实训基地管理探讨[J]. 现代商贸工业，2008（13）.

[61] 李瑜. 校企结合——高校发展的必由之路[J]. 河南农业. 2008（20）.

[62] 马爽欣、韩小卫. 商务英语发展现状浅析[J]. 商场现代化，2008（4）.

[63] 马媛. 与发展中国家开展国际合作项目对加拿大国等教育国际化的促进作用[J]. 学报周刊 C 版，2010（11）：198.

[64] 欧仕荣. 高等职业教育中“校企结合”的模式探讨[J]. 益阳职业技术学院学报，2007（02）.

[65] 裴研. 国际化环境下商务英语口译中的科学性训练[J]. 科技经济市场，2006.

[66] 平洪. 商务英语本科专业人才培养模式探索[J]. 中国外语，2009（7）.

[67] 钱小龙、汪霞. 美国大学课程国际化之路[J]. 高教发展与评估，2012（3）：102～107.

[68] 秦弋雯. 关于 ACCA 课程教学的思考[J]. 广西财经学院学报，2006（19）：190.

[69] 任巧珍. 美国高等教育国际化的策略研究[D]. 华南师范大学硕士学位论文，2005.

[70] 邵旭平. 跨文化交际对重庆高校留学生教育管理的启示[J]. 重庆邮电大学学报，2010（1）：131～134.

[71] 沈伟晔、朱晋伟. 创新中外合作办学模式的管理研究[J]. 黑龙江高教研究，2012（8）：62～64.

[72] 沈寅鑫. 浅论复合型教师概念的缘起[J]. 中国科教创新导刊，2009（25）：218，220.

[73] 施宏开. 大学生要理性面对考证热[J]. 中国教育报，

2006（11）.

[74] 施一满. 大学生考证热现象及其问题探析[J]. 新闻天地（论文版），2008（4）.

[75] 宋秀云. 大学商务英语翻译教学的实践[J]. 华章，2012（16）.

[76] 谭东峰. 加拿大法语浸入式教育——双语教育的一次成功尝试[J]. 文教资料，2006（33）.

[77] 汤春玲. 高校“国际商务谈判”课程教学模式的探讨[J]. 中国林业教育，2007（6）：56～58.

[78] 王恩科. 实施任务型教学提高英语实用能力[J]. 重庆工商大学学报（西部论坛），2004（15）.

[79] 王关富. 商务英语学科建设：回顾与展望[J]，中国 ESP 研究，2010（1）.

[80] 王军. 当前大学生就业能力统计调查与对策研究[J]. 当代经济，2010（11）：106～107.

[81] 王钧. 商务英语实践性教学模式研究[J]. 中国西部科技，2013（292）：128.

[82] 王军、侯天皓. 谈如何加强高校商务英语专业的师资队伍建设与课程建设[J]. 吉林师范大学学报（人文社会科学版），2009（2）.

[83] 王俊烽. 美国高等教育国际化探析[D]. 天津师范大学硕士学位毕业论文，2012.

[84] 王素芬. 以就业为导向，提升商务英语专业学生实践应用能力研究[J]. 黑龙江教育学院学报，2011（7）.

[85] 王天力. 口译教学：构筑实践型口译人才培养模式的探讨[J]. 吉林教育，2007（1）.

[86] 汪霞. 大学课程国际化中教师的参与[J]. 高等教育研究，2010（3）.

[87] 王晓德. 美国“使命”观的历史和文化起源[J]. 史学集刊，1998（2）.

[88] 王兴孙. 对国际商务英语学科发展的探讨[J]. 国际商务研究，1997（1）.

[89] 王兴孙. 对国际商务英语学科发展的探讨[J]. 国际商务研究，1999（1）.

[90] 王兴孙. 对国际商务英语学科发展的探讨[A]. 叶兴国编. 商务英语教学与探索[C]. 上海：上海交通大学出版社，1997.

[91] 王玉平. 商务英语课程体系设计构想[J]. 辽宁师范大学学报，2005（4）.

[92] 魏斌. 复合型人才培养模式下的高校复合型教师素质特征[J]. 商业经济，2012（3）：94.

[93] 翁凤翔. 论商务英语学科的基本问题及其逻辑起点[C]. 新形势下的商务英语教学与研究——第八届全国国际商务英语研讨会论文集. 上海：上海外语教育出版社，2008.

[94] 吴翠华. 商务英语实训课程教师素质分析[J]. 石家庄职业技术学院学报，2009（2）：75～77.

[95] 武皓. 高职商务英语翻译教学的策略分析[J]. 柳州职业技术学院学报，2012（4）.

[96] 吴青川. ACCA 专业教学计划修订探讨[J]. 现代企业教育，2007（11）.

[97] 吴言荪. 加拿大高等教育国际化的思考[J]. 学位与研究生教育，2004（6）.

[98] 项丽莉. 商务英语阅读教学中存在的问题及其对策[J]. 盐城工学院学报，2001（3）.

[99] 向晓、曾连英. 高职院校商务英语专业师资队伍建设方案探讨[J]. 硅谷，2008（17）.

[100] 肖新生. 走进加拿大高等教育[M]. 开封：河南大学出

版社，2007.

[101] 辛宝英. 高职院校商务谈判课程教学改革探讨[J]. 工会论坛（山东省工会管理干部学院学报），2012（5）：131～132.

[102] 熊思亮等. 高等教育国际化与中国高等教育国际竞争能力研究[J]. 电子科技大学学报（社科版），2008（6）：45～50.

[103] 熊小红、揭美琴. 案例教学法在商务英语课程中的应用模式初探[J]. 武汉生物工程学院报，2008（3）：35～37.

[104] 许青云. 加拿大高等教育国际化特点及启示[J]. 山东教育学院学报，2008（2）：32～35.

[105] 许青云. 加拿大高等教育的特色及其对我国的启示[J]. 国家教育行政学院学报，2008（4）：83～87.

[106] 许南. 高等教育国际化：德国经验极其对中国教育和经济发展的启示[J]. 教育与经济，2012（2）：58～63.

[107] 姚永华、尹璐. 以就业为导向的商务英语专业工学结合教学模式研究[J]. 中国成人教育，2010（2）：451～452.

[108] 叶兴国. 我国商务英语专业教育的起源、现状和发展趋势[J]. 当代外语研究，2014（5）.

[109] 于爱萍. 大学生“考证热”的冷思考[EB/OL]. 中国教育和科研计算机网.

[110] 袁小陆. 大学英语教师的跨文化教育1月[J]. 西安外国语学院学报，2006（1）：95～96.

[111] 于波. 商务英语专业人才培养模式与教学改革[J]. 中国人才，2011（7）.

[112] 曾美芬. 商务谈判课程教学改革与创新[J]. 淮南职业技术学院学报，2012（3）：78～82.

[113] 臧玉福. 商务英语实践教学与支撑[J]. 现代企业教育，2006（21）.

[114] 张关君. 内容教学法与应用型外语专业人才的培养[J].

龙岩学院学报，2008（2）.

[115] 张瑞萍. 新加坡高等教育的国际化及其启示[J]. 教育界，2011（6）：192～193.

[116] 张为. 浅析跨文化商业交际差异[J]. 湖南工业职业技术学院学报，2004（3）：35～36.

[117] 张佐成、王彦. 商务英语的界定[J]. 对外经济贸易大学学报，2002（6）.

[118] 赵唯. 高校中外合作办学项目中学生管理工作的挑战及对策[J]. 青年科学，2013（5）.

[119] 郑建军. 全球化视角下跨文化交际能力的培养与商务英语教学[J]. 北京城市学院学报，2009（6）：80～83.

[120] 郑小飞、许淑燕. 基于“校企共同体”背景下的高职课程教学改革实践[J]. 职业技术教育，2010（32）.

[121] 郑晓明. “就业能力”论[J]. 中国青年政治学院学报，2002（3）：91～92.

[122] 仲伟合. 口译训练：模式、内容、方法田[J]. 中国翻译，2001（3）.

[123] 周倩、高耀丽译. （英）皮特 斯科特. 高等教育全球化：理论与政策[M]. 北京：北京大学出版社，2009.

[124] 周青. 口译教学探究田[J]. 山东外语教学，2003（5）.

南开大学出版社网址：http://www.nkup.com.cn

投稿电话及邮箱：　022-23504636　　QQ：1760493289
QQ：2046170045(对外合作)
邮购部：　022-23507092
发行部：　022-23508339　　Fax：022-23508542

南开教育云：http://www.nkcloud.org

App：南开书店 app